KB040836

다음 세대를 생각하는
인문교양 시리즈

아우름 33

잃어버린 지혜, 듣기

몸과 마음을 어루만지는 듣기의 비밀

서정록 지음

샘터

왜 듣기인가?

인디언들은 말한다. 사람들은 저마다의 이야기를 갖고 있다고. 자연도 마찬가지다. 그들도 모두 저마다의 이야기를 갖고 있다. 그러므로 우리의 이야기가 중요하듯이, 그들의 이야기를 듣는 것 또한 중요하다.

타오스 족 문화에 깊이 매료되어 그들의 마을에 들어가 살게 된 백인 작가, 낸시 우드는 다음과 같이 말한다.

바람, 비, 불 등 자연의 모든 것 안에는 이야기가 있다. 들판에서 자라는 옥수수가 내는 소리조차도 이야기를 갖고 있다. 강은 어떤 것보다도 큰 이야기를 지닌다. 산도 마찬가지다. 나뭇가지에서 부스럭거리는 잎사귀에도 그들만의 비밀 이야기가 있다. 만일 그대에게 생존을 위한 지혜가 필요하다면 나이 많은 할아버지 돌에 귀를 기울여라. 조약돌을 그대의 귀에 대고 그들이 들려주는 이야기에 귀를 기울여보라. 바닷가 조개가 전하는 이야기는 더욱더 놀랍다. 조개가 들려주는 파도 소리뿐만 아니라 바다 생물들의 이야기에 귀를 기울여보라. 그대를 경이롭게 할 것이다. 바람에 쓰인 이야기도 마찬가지다. 어느 것 하나 가볍게 지나칠 수 있는 것이 없다.[1]

하지만 우리는 눈으로 보는 것은 잘해도 귀로 듣는 것은 잘하지 못한다. 그 이유는 무엇인가? 눈에 보이는 것은 즉시 우리의 마음을 끌어당기지만, 귀에 들리는 것은 애써 귀 기울이지 않아도 되는 것처럼 보이기 때문이다.

그러나 과연 그럴까? 어리석은 사람은 눈에 매달리고, 지혜로운 사람은 귀로 듣는 것을 중요하게 여긴다는 말이 있다. 눈은 나를 밖으로 향하게 하지만, 귀는 외부의 정보를 모아서 내게 가져온다. 눈은 끊임없이 나의 마음을 산란하게 하지만, 귀는 내가 존재의 중심이 되게 한다. 버드 베일러는 《마음으로 듣기Listening》라는 글에서 듣기를 찾아가는 우리의 여정을 다음과 같이 노래한다.

나는 옥수수가 부르는 노래를 들을 줄 아는 한 노인을 알고 있다.

---

1) Nancy Wood, *Dancing Moons*, 1995.

"제게도 듣는 법을 가르쳐주세요."

옥수수밭을 지날 때 나는 말씀드렸다.

"저 옥수수들의 노래 듣는 법을 알려주세요."

노인은 대답했다.

"그들의 노래를 들으려면 오랜 시간이 걸린단다. 결코 서둘러서 될 일이 아니지."

"시간은 얼마든지 있어요."

노인은 뭐든지 들을 수 있었다. 야생꽃망울이 터지는 소리도, 땅속에서 새싹이 돋아나는 소리도.

"저 소리 들리니? 존재하는 모든 것들은 때때로 소리를 낸단다. 바로 지금처럼. 그렇지만 저쪽에 있는 오래된 바위로부터 들었던 것만큼 좋은 소리는 아니구나."

"저도 할아버지처럼 들을 수 있으면 좋겠어요."

노인은 말했다.

"하지만 대부분 사람들은 그 소리를 전혀 듣지 못한단다."

"왜 그런가요?"

"끈기 있게 기다리지 않기 때문이지."

"잘 들으려면 어떻게 해야 하는지 가르쳐주세요."

"그러자꾸나. 먼저 어느 것 하나에 대해 알아보거라. 처음에는 자그마한 것이 좋단다. 처음부터 산이나 바다 같은 큰 것부터 시작해서는 안 된다. 씨앗 하나를 가지고 해보든지, 아니면 마른 갈대도 좋단다. 두꺼비 한 마리부터 시작해도 좋겠지. 한 주먹의 먼지나 모래톱 하나로 시작해도 괜찮단다."

내가 말했다.

"모래톱 하나로 해보겠어요."

"네가 함께하려는 것이 무엇이든 먼저 그것을 공경해야 한다. 두꺼비를 예로 들어보자꾸나. 만일 네가 두꺼비보다 우월하다고 생각한다면 너는 결코 그의 목소리를 듣지 못한다. 설령 네가 영원히 햇볕 속에 앉아 기다린다고 해도 말이다."

"네."

노인은 한 가지 더 당부했다.

"사람들과 함께 걷는 것도 좋지만, 가끔은 조용하게 혼자 걷는 것도 좋단다."

"왜 그런가요?"

"네가 원할 때는 언제든지 걸음을 멈추고 들을 수 있거든."

눈은 다른 존재에 대한 주관적이고 피상적인 관념을 가져다주지만, 귀는 다른 존재들에 대한 이해를 돕는다. 듣기 시작하면 대화가 되고 소통이 된다. 하지만 눈은 그렇지 못하다. 나의 관념을 일방적으로 강화하기 쉽다. 그가 어떤 사람이고 무엇을 하는 사람인지 겉으로 드러나는 정보에 대한 견해를 강요하는 것이다. 눈으로만 맺은 관계에서는 오해와 불신이 생긴다.

그러나 귀는 상대에 대한 이해와 믿음을 보여준다. 상대방의 말을 듣고 이해하기 시작하면 그가 다시 보이기 시작한다. 낯설게 느껴지던 그가 따뜻하고 친근한 존재가 된다. 왜 이제서야 그를 만났을까 싶을 정도로 그가 좋아진다. 이야기를 나누기 시작하면 이내 친구가 된다.

'듣기'에는 사람을 변화시키는 놀라운 힘이 있다. 사람들은 큰일을 하거나 경험이 많은 사람들에게 어떻게 하면 잘 들을 수 있느냐고 묻는다. 그리고 단번에 듣기의 관문을 통과하여 그것에 달통하길 원한다. 하지만 그런 욕심은 매번 실패한다. 아무리 듣는 방법을 익힌다 해도 무엇을 들어야 하는지 알지 못하면 제대로 들을 수 없기 때문이다. 듣기와 관련해 많은 사람들이 놓치는 점이 바로 이것이다.

잘 들으려면 기다릴 줄 알아야 된다. 그가 말하기 시작할 때까지 기다려야 한다. 끈기와 인내가 필요한 일이다. 그렇게 들을 줄 알아야 우리는 서로를 신뢰할 수 있다. 오직 사람에 대한 애정과 관심과 따뜻함 속에서만 귀가 열리기 시작한다는 것을 알아야 한다. 귀가 열리고 마음이 열리기 시작할 때, 우리는 비로소 인생의 한가운데 우뚝 서게 된다. 그리고 주인공이 된다.

주인공이 된다는 것은 올바른 자리에 서 있다는 것을 의미한다. 나의 장점과 약점을 인정하고, 모든 것을 사랑할 줄 아는 것이다. 나를 둘러싼 존재들과 균형 및 조화를 이루고, 하나 되고, 더불어 행복해지는 것이다. 그것이야말로 우리가 간절히 원하는 것이 아니던가.

인디언들은 아이들에게 이 세상에 올 때 가지고 온 선물을 마음껏 펼쳐 보이라고 말한다.

"누구나 세상에 올 때 한두 가지의 특별한 선물을 들고 온다. 씨앗에 물 주듯이, 그것을 잘 가꾸어 꽃을 피우거라. 그리고 그 꽃을 가족과 이웃에게 나눠주거라."

꽃을 피우려면 먼저 자기가 가지고 온 선물이 무엇인지 알아야 한다. 그래야 물을 주고 가꿀 수 있기 때문이다. 선물이 무엇인지 알기 위해서는 조용히 자신의 내면을 탐구해야 한다.

미국 동부산림지대나 대평원의 인디언 사내아이들은 사춘기가 되면 자신의 선물을 찾기 시작한다. 말하자면 영적 탐구에 들어가는 것이다. 흔히 '신명탐구 vision quest'라고 알려진 이 의식은 기운이 좋은 들이나 산에 가서 구덩이를 파고 그 안에 들어가 나흘 밤낮을 단식하며 기도하는 것이다. 그들은 신에게 묻는다.

"저는 누구입니까? 제가 할 일은 무엇입니까? 제 가족과 이웃들을 위해 제가 가장 잘할 수 있는 일은 무엇입니까?"

마침내 응답이 오고 자기에게 주어진 선물이 무엇인지, 어떻게 살아야 할지 깨달았을 때 아이들은 어른이 된다. 그리고 그에 걸맞는 새로운 이름을 얻는다. 삶의 방향이 정해지는 것이다. 주술사가 되어야 할 사람은 주술사 수업을 받고, 전사가 될 사람은 전사들의 모임에 가입해 몸과 마음을 단련한다. 장인匠人이 될 사람은 자신이 원하는 장인을 찾아가 도제가 된다. 또 어떤 이는 달리는 자가 되어 이 마을 저 마을을 달리며 소식을 전한다.

여자아이들은 어머니 밑에서 살림을 배우다가 초경을 하고 나면 곧바로 성대한 성년식을 치른다. 달거리를 할 때마다 마을 밖에 있는 달거리 움막에 가서 조용히 쉬며 자기 성찰의 시간을 갖거나 어르신들로부터 인생의 지혜를 배운다.

그런데 인디언 아이들이 신명탐구나 성년식을 하기 전에 반드시 해야 하는 것이 있다. 바로 '듣기listening'다.

인디언들은 어려서부터 아이들에게 듣는 법을 가르치는 것으로 유명하다. 듣기 수업은 어머니 뱃속에 있을 때부터 시작된다. 임신한 여성은 하던 일을 내려놓고 조용한 숲길이나 호숫가를 거닐며 아이에게 가족이나 조상, 신화 등과 같은 이야기를 들려준다. 그것도 가락이나 리듬에 실어서. 아이가 태어난 뒤에도 쉴 때마다 자장가를 불러준다. 어른들이 일할 때는 요람에 눕혀 큰 나뭇가지에 매달아놓는다. 바람이 속삭이는 소리를 들으라고 말이다.

조금 자란 아이들은 들판에 나가 하루 종일 새소리나 바람 소리, 벌레들이 우는 소리, 냇가의 돌멩이가 내는 소리에 귀 기울인다. 그 덕에 인디언 아이들은 새소리에 대해 모르는 것이 없다. 들판에서 나는 벌레 소리, 바람 소리는 말할 것도 없다. 물 흐르는 소리, 천둥 치는 소리, 달빛이 내는 소리까지도.

그때쯤 되면 어른들은 귀로만 듣지 말고 마음으로 들으라고 가르친다. 모든 소리에는 감정이 있고 사연이 있으니 그것을 들으라는 것이다. 자연의 친구들이 내는 소리에 귀가 완전히 열릴 때쯤, 그들은 소리만 듣고도 바람의 이야기를 알아듣고, 나무가 슬퍼하는지 기뻐하는지 안다. 새들의 노랫소리에 담긴 이야기와 강물의 사연을 알아들을 때쯤 그들은 자신이 가지고 온 선물을 찾기 위해 내면에 귀를 기울이기 시작한다.

물론 모든 아이들이 신명탐구를 통해서 신의 응답을 얻는 것은 아니다. 어르신들은 신명을 받지 못한 아이들에게 종종 다음과 같은 이야기를 들려준다.

왜 이 세상에 왔냐고?

영적으로 성장하기 위해서지. 육신이 없는 영혼은 새로운 경험을 할 수 없단다. 모든 게 정체되어 있거든. 몇 달 동안 집안에만 틀어박혀 있다고 생각해보거라. 아무도 만나지 않고. 얼마나 답답하겠니. 세상일도 궁금할 게고 말이다. 영혼도 그와 같단다. 그래서 어머니 뱃속에서 육신의 집을 얻어 삶을 새로 시작하는 거란다. 나도 그렇고, 너도 그렇고.

영적으로 성장하기 위해서는 어떻게 해야 하냐고?

네가 이 세상에 올 때 신은 네게 몇 가지 선물을 주셨단다. 영적 성장을 위해 꼭 필요한 것이지. 정원사가 정성껏 꽃나무를 가꾸어 예쁜 꽃을 피우듯이 네게 주어진 선물들을 잘 키워 가족과 이웃에게 나눠주면 된단다. 그 선물은 재능일 수도 있고, 가족들에게 주는 기쁨일 수도 있고, 때로는 시련일 수도 있단다. 그것은 너와 가족들을 더욱 단단하게 이어주고 지혜를 넓히고 인생의 의미를 깨닫게 한단다.

신이 네게 주신 선물을 어떻게 알 수 있냐고?

그것은 눈으로는 볼 수 없단다. 땅속에 묻혀 있는 씨앗과 같거든. 땅속에 묻혀 있던 씨앗은 적당한 습도와 온도가 되면 발아하기 시작한단다.

여기 밭의 작물을 보거라. 씨앗을 심은 지 며칠이 지나도 싹을 틔울 생각을 않더니 비가 오고 나니 이렇게 풋풋한 새싹을 틔우지 않니. 신이 우리에게 주신 선물도 그렇단다. 그 선물을 알아보

려면 우리 가슴속에 묻어둔 씨앗이 발아할 때까지 기다려야 한
단다. 기도하는 심정으로 말이다.

그렇지만 싹이 난다 해도 처음에는 무엇인지 잘 모른다. 조그
만 새순에 불과하기 때문이지. 그래도 새순이 자라면 알게 된단
다. 옥수수인지 콩인지 호박인지. 이쪽을 보거라. 이것은 콩이고
이것은 옥수수, 저것은 호박이다. 처음에는 잘 모르겠더니 이렇
게 조금씩 제 모습을 드러내잖니.

그러면 언제까지 기다려야 하냐고?

글쎄다. 그건 네게 달렸단다. 네 몸과 마음이 잘 준비되어 있다
면 곧 씨앗이 발아할 거고, 그렇지 않다면 좀 더 기다려야 하겠
지. 늘 몸과 마음을 정화하고 깨어 있는 것이 중요하단다. 그러면
어느 날 네 안에서 신이 주신 선물의 씨앗이 발아하기 시작할 거
고, 그러면 네게 주어진 선물이 무엇인지 알 수 있을 게다.

나도 어렸을 때 너와 똑같은 질문을 했단다. 지금 네게 해준 이
야기가 그때 할머니께서 내게 들려주신 이야기란다.

어르신들의 가르침은 한결같다. 자신들이 그 또래에 겪었을 법
한 이야기들을 자상하게 들려주는 것이다. 만일 내 인생의 과제가
무엇인지 안다면, 그래서 온전히 거기에 집중할 수 있다면 일찌감치

방황을 끝내고 주어진 일에 전념할 수 있을 것이다. 인생의 의미가 무엇인지, 내게 주어진 선물이 무엇인지 알기 위해 기나긴 시간을 허비하지 않아도 될 테니 말이다. 따라서 신명탐구를 통해 신으로부터 응답을 받지 못했다 해도, 마을 공동체의 끊임없는 관심과 배려 속에서 아이들은 자기가 무엇을 해야 할지, 어떻게 살아야 할지, 가족과 이웃을 위해 잘할 수 있는 일이 무엇인지 저절로 알게 된다.

그들에 비하면 오늘날 도시에서 크는 아이들은 자신이 들고 온 선물이 무엇인지 알기 어렵다. 대다수 아이들은 신이 자신에게 준 선물이 무엇인지 알지 못한 채 무한경쟁 속으로 내몰린다.

내가 이 세상에 온 이유를 알지 못하면, 그래서 가족과 이웃과 사회를 위해서 무엇을 해야 하는지, 가장 잘할 수 있는 일이 무엇인지 모른다면 행복할 수 없다. 모든 일이 시시하고 덧없게 느껴진다. 심지어 '내가 왜 사나' 싶은 절망감마저 들 수 있다. 그래서 비록 늦었더라도 신이 주신 역할과 임무를 찾는 것이 중요하다. 그것이야말로 우리가 바로 이 세상에 온 이유이기 때문이다.

우리는 귀보다는 눈으로 먼저 본다고 생각한다. 그러나 눈은 귀처럼 정교하지 않다. 색깔이나 형태도 정확하게 구별하지 못한다. 귀는 10Hz이하의 주파수에서 20000Hz의 고주파수에 이르기까지 거의 모든 소리를 구별해낼 수 있다.

눈은 뜨고 있을 때만 볼 수 있다. 눈을 감고 있으면 아무리 아름다운 광경이 펼쳐져 있어도 무용지물이다. 게다가 밤에는 잠을 잔다. 그땐 아무것도 볼 수 없다. 반면 귀는 우리가 자는 동안에도 주위에서 일어나는 모든 소리를 잡아온다. 이를테면 홍수가 났을 때 거대한 강물이 소용돌이치는 모습을 본 적 있을 것이다. 소용돌이를 보고 있으면 주변에 있는 모든 것이 그 안으로 빨려 들어가는 것을 느낄 것이다.

우리의 귀는 소라 껍데기처럼 나선형 모양으로 되어 있다. 귓바퀴를 따라 귓속으로 함몰해 들어가는 것 같은 흥미로운 모양새를 지녔다. 마치 강물의 소용돌이가 주위에 있는 모든 것을 잡아 그곳으로 끌고 들어가듯이. 그렇게 귀는 세계의 모든 정보를 잡아서 내게 가져온다.

찰리 채플린의 무성영화silent film라면 모르는 사람이 없다. 반세기가 훨씬 지났는데도 영화의 인기는 할리우드 영화를 무색케 한다. 그만큼 그의 영화에는 사람들을 사로잡는 재치와 낭만이 있다. 그러나 찰리 채플린의 영화가 처음부터 성공했던 것은 아니다. 처음 그의 영화는 활동사진만으로 이루어졌다. 사람들은 호기심으로 그의 영화에 몰려들었지만, 곧 지루해했고 마침내 그의 곁을 떠났다. 관객들의 눈을 즐겁게 해주는 것만으로는 그들을 완전히 사로잡을 수 없었기 때문이다. 채플린은 고심 끝에 자막을 넣었다. 사람들의 반응은 이전보다 한결 나아졌다. 활동사진의 내용을 이해할 수 있었기 때문이다. 그러나 성공은 오래가지 못했다. 충분히 흥미롭긴 했지만 왠지 재미가 없었다. 채플린은 다시 배경음악을 넣었다. 그러자 사람들이 폭발적으로 반응하기 시작했다. 단지 스토리에 맞춰 적당히 배경음악을 넣었을 뿐인데 사람들의 반응이 완전히 달라졌다.

무성영화는 일제강점기 때도 그 진가를 발휘했다. 무성영화에 등장한 변사들은 수많은 여성 관객들을 몰고 다녔다. 똑같은 영화인데, 배경음악이나 변사의 육성이 들어갔을 때 관객들은 왜 다른 반응을 보일까? 라디오 드라마를 생각해보자. 화면만 있는 무성영화는 사람들이 외면하지만, 화면 없이 소리만 들리는 라디오는 사람들을 불러모은다. TV가 많이 보급되지 않았을 때 사람들은 라디오를 끼고 살았다. 성우들의 라디오 드라마는 인기가 대단해서 지금의 TV 드라마 못지않은 인기를 누렸다. 그러나 소리 없는 무성영화가 성공했다는 이야기는 들어본 적이 없다.

인도네시아의 그림자극도 마찬가지다. 둥둥 울리는 북소리와 무대 뒤에서 신들이 내는 기괴한 소리가 없었다면 오늘날처럼 세계적인 민속극으로 인정받지 못했을 것이다. 무성영화의 성공은 역설적으로 감성과 뉘앙스를 부여하는 소리에 있다고 할 수 있다. 이처럼 소리는 신비롭다. 없어도 될 것 같지만, 없으면 우리는 견디지 못한다. 아무 소리도 없는 것보다는 차라리 소음이라도 있는 게 낫다. 그렇게 우리는 소리를 필요로 한다.

더욱이 귀는 밖을 향한 눈과 달리 언제나 내면을 향하고 있다. 그래서일까? 신비를 뜻하는 영어의 'mystic'은 그리스어 'myein'으로부터 왔다고 한다. 그 의미는 '눈을 감는다'는 뜻이다. 말하자면 눈을 감는 행위가 신비로 들어가는 문이라는 것이다. 수피교의 예언자들은 모두 장님이라고 한다. 그리스의 서사시인 호머도 장님이었으며, 델피신전의 여사제 피티아 그리고 트로이의 카산드라 역시 장님이었다.

그들은 눈이 없는 대신 온 마음을 귀에 실어 들었을 것이다. 그렇게 자기 내면으로, 소리의 세계로 들어갔다. 소리의 세계는 원과 순환의 형태를 하고 있다. 마치 호수 위에 만들어지는 동그란 파문처럼. 소리의 파동은 나를 내면 세계의 한가운데 세운다. 그렇게 귀는 나의 내면과 우주를 연결시킨다. 귀가 24시간 늘 열려 있는 것은 그 때문이다.

그래서일까? 감각기관 중 귀가 발달한 사람은 눈의 기능이 발달한 사람보다 공격적일 확률이 낮다고 한다. 귀가 발달한 대다수의 사람들은 공통적으로 침착함, 인내심, 반성하는 마음 등을 지녔다. 말하기에 앞서 먼저 다른 사람들의 말을 귀 기울여 듣는 것이다. 그렇게 귀는 자신을 낮추고 온전히 내줄 줄 안다. 이런 평화적이고 관용적인 태도는 어머니들의 모성과 닮았다.

수천 년 동안 귀는 다른 세계로 통하는 문으로 알려져 왔다. 물론 눈과 귀 중 어느 하나라도 없으면 우리는 말로 다 할 수 없는 불편을 겪는다. 자연 상태에서는 생존의 위험에 직면하게 된다. 따라서 양자는 서로 보완 관계에 있다. 그러나 영적인 문화권에서는 귀와 소리를 중시했고, 문명권에서는 대체로 눈과 시각적인 문화를 발전시켰다.

전통적으로 동양에서 귀는 음陰, 눈은 양陽으로 보았다. 현대인들은 지나치게 후자에 편향되어 있다. 이러한 경향은 정보 미디어의 범람과 맥을 같이 하며 그 중심에는 눈이 있다. 우리 주변에 널려 있는 TV, 스마트 폰 등 각종 매체 등이 그것을 단적으로 말해준다.

현대문명을 보면 눈이 승리한 것처럼 보인다. 그러나 과도한 시각, 영상문화의 문제점들이 표면화되면서 다시 귀와 소리로 돌아가려는 움직임이 일어나고 있다. 최근 서구에서는 소리, 듣기에 높은 관심이 쏟아지고 있다. 이는 우리 자신에게로 되돌아가려는 움직임이다. 어머니의 자궁 속으로, 그리고 세상과 우주와 하나 되는 길로 나아가는 것이다. 그 길에는 정보와 지식보다는 삶의 의미와 지혜와 영적 성숙이 기다리고 있다. 오늘날 물질 문화에 식상한 서구의 많은 이들이 내면으로, 영적인 탐구로 눈을 돌리는 것처럼.

이 책의 1부에서는 원주민 사회와 전통 사회의 듣기 문화이고, 2

부에서는 태교를 중점적으로 다룬다. 많은 이들이 이 책을 거름 삼아 귀와 소리, 듣기와 함께 내면의 소중함을 깨닫는 계기가 되기를 바란다.

검은호수

| 차 례 |

1장

잃어버린 지혜,
듣기
귀 있는 자는 들으라

현대사회가 잃어버린 가장 큰 지혜는 말할 것도 없이 '듣는 것'이다. 오늘날 대중문화는 TV에서 보듯이 화려하고 자극적인 시각이미지를 양산하고 있다. 시각이미지는 보는 사람들로 하여금 즉각적인 반응을 불러일으킨다. 그래서 사람들은 인기스타들이 모이는 무대마다 열광적으로 몰려다닌다.

대중문화는 늘 화제를 몰고 다니며, 전세계적으로 급격히 확산되는 특성을 보인다. 물론 시각문화의 장점도 많을 것이다. 그러나 자기만의 고유한 문화적 특징을 갖는다기보다는 획일화된 특성을 보인다고 말할 수 있다. 그에 반해 전통 사회에서는 하나같이 귀로 듣는 것을 중요시하였다. 그리고 자기만의 고유한 것들을 갖고 있었다. 이런 경향은 아시아는 물론 제3세계 원주민들의 사회에서도 마찬가지였다. 그들은 책이나 문자보다는 얼굴을 직접 마주하고 이야기하는 대화 문화oral culture를 갖고 있었다.

아이들의 교육 또한 늘 이야기 중심으로 이루어졌다. 아이들 교육은 어른들이 하는 걸 보고 듣는 가운데 자연스럽게 이루어졌다. 아이들은 어른들에게 늘 공손할 것과 그들의 말씀에 귀를 기울이도록 교육받았다. 아이들이 말귀를 알아들을 나이가 되면 부족의 신화며 전설과 영웅들의 이야기를 들려주었다. 그런 이야기들은 아이들에게 듣는 능력과 꿈꾸는 능력을 키워주었다. 그리고 다른 사람들에게 늘 자신을 낮추도록 가르쳤으며, '내적 평화'를 그들의 인격 속에 스며들게 하였다.

그렇게 아이들 교육은 얼굴과 얼굴을 맞댄 가운데 이야기와 노래를 통해서 자연스럽게 진행되었다. 이야기를 들려주기 전에 어른들은 종종 아이에게 이렇게 물었다.

"오늘 본 것들 중에 아름다운 것이 있었니? 오늘 들은 소리 중에 네 마음을 기쁘게 하는 것이 있었니? 움직이는 것 중에 특별히 네 마음을 사로잡는 것이 있었니?"

그럼으로써 아이가 좀 더 세심히 보고 듣도록 격려하고 독려했다. 우리는 어렸을 적에 할머니나 어머니, 또는 할아버지의 무릎에 누워 듣던 이야기를 잊지 못한다. 다른 이야기들은 세월이 지나는 동안 다 잊혀졌어도, 그 이야기들만은 좀처럼 잊지 못한다. 그 이유는 무엇인가? 그런 이야기들 속에는 이야기만 있는 것이 아니라 이야기를 들려주는 이의 삶의 에너지와 감정과 인격이 그대로 투영되어 있기 때문이다.

마주앉아 이야기를 나누는 대화 문화가 중요한 이유가 그것이다. 구음toning을 통한 치료법을 처음으로 창안한 로렐 엘리자베스 키이즈 여사는 우리의 말과 생각과 행위 속에 담긴 소리 에너지에 대해 하즈라트 이나야트 칸의 말2)을 인용하여 이렇게 말한다.

일찍이 내 마음에 일어났던 모든 생각들, 일찍이 내 가슴을 출렁거렸던 모든 감정들. 일찍이 말해졌고 그것에 대해서 다시는 생각해본 적이 없는 그 모든 말들, 그리고 일찍이 행했으나 잊어버린 그 모든 행위에는 생명이 담겨 있다. 그것은 우리의 의지와 상관없이 그들 삶의 여행을 계속한다. 그것은 마치 손에 쥐고 있는 씨앗들을 땅에 던지는 농부의 여행과 같다. 농부는 씨앗을 던

---

2) Hazrat Inayat Khan, *The Mysticism of Sound and Music*, 1996, p.198f.

잃어버린 지혜, 듣기

졌고, 씨앗은 떨어진 그곳에 있다. 대지는 씨앗을 받아들이고, 물은 그들을 기르며, 태양과 공기는 그들이 자라도록 돕는다.

마찬가지로 우리의 말과 생각과 행위에 담긴 에너지와 감정들은 우리의 의지와 상관없이 그들의 삶을 계속한다. 일단 생명이 주어지면, 그들은 사람들 속에서 돌보아지고, 길러지고, 결실을 맺는다. 사람들은 흔히 생각한다. 말하고 나면 사라지고, 행위하고 나면 소멸되며, 일어났던 감정들은 가라앉는다고. 따라서 더 이상 존재하지 않는다고. 그러나 그것은 사라지고 소멸된 것이 아니라 단지 변화가 일어났을 뿐이다. 마치 대지에 던져진 씨앗이 그들의 삶을 계속하는 것처럼. 왜냐하면 그것은 생명이기 때문이다.

사람들이 이것을 알지 못할 때 자기 자신에 대해서 알지 못하며, 또한 인생의 비밀도 알지 못한다.

우리의 말, 한마디 한마디에 담긴 이러한 비밀을 이해한다면, 아이들이 어른들의 지혜와 사랑이 가득 담긴 이야기를 듣고 크는 것이 얼마나 소중한지 알 것이다. 라코타족의 추장이었던 두발로 선 곰은 아이들이 어떻게 노인들의 지혜를 배웠는지 말한다.

다른 부족의 아이들도 그렇지만, 라코타 아이들은 어르신들께 질문하면 그들이 들을 수 있는 가장 진실하고 풍부한 가르침을 얻는다. 호기심 많은 모든 아이가 그런 것처럼 그들이 들려주는 별들과 달, 하늘, 무지개, 어둠, 그 밖의 온갖 자연현상의 경이로움에 그들은 입을 다물지 못한다. 나는 대지에 누워있을 때면 이 자연의 신비로움에 황홀해지곤 했던 것을 기억한다. 특히 별들은 아름다운 신비로 가득 차 있다. 신비한 자연에 대한 온갖 질문에 대해 노인들은 예로부터 내려오는 이야기를 친절하게 들려주시곤 했다. 그리고 그 이야기 속에서 우리는 어떻게 신성한 담뱃대를 사용해야 하는지, 옥수수는 어디에서 온 것인지, 그리고 왜 하늘에서 천둥번개가 치는지에 대한 답을 들었다.3)

원주민 사회에서 모든 관계는 이렇게 직접 마주함과 공경과 듣기를 통해서 이루어진다. 그것은 숨결을 통해 노인들의 지혜와 가슴을 실어 나르는 방법이다. 또한 노인들과 아이들을 연결함으로써 세대와 세대를 연결하는 방법이라고 할 수 있다. 이런 대화법은 자연과의 관계에서도 마찬가지였다. 아이들은 동물과 식물들의 말을 듣기 위해 귀를 열어놓고 진득하게 침묵하며 기다린다. 이런 태도는 원주민 사회와 전통 사회에서 자연스럽게 스승과 제자의 관계로 옮겨진다.

---

3) Standing Bear, *Land of the Spotted Eagle*, 1933, p.26.

잃어버린 지혜, 듣기

    제자는 공경의 마음을 갖고 그저 스승이 하는 것을 보고 따라 하면 되었다. 스승 또한 제자에게 이것 해라, 저것 해라 하는 법이 없었다. 그저 묵묵히 옆에서 지켜보며 필요할 때 도와줄 뿐이다. 어쩌다 스승이 제자에게 뭔가를 가르쳐줄 때면 비유와 상징을 사용해 이야기를 들려주었다. 스승은 제자의 가슴에 가만히 씨앗을 뿌려둔다. 그러면 그 씨앗을 돌보는 동안 제자는 자연스럽게 성숙해지고 스승의 위치로 옮겨간다.

신이 주신
첫 번째 언어
동식물의 듣기

많은 신화에서 태초에 사람과 동물은 하나였으며 자유롭게 대화할 수 있었다는 이야기가 전해진다. 고대인들은 그것을 신이 주신 첫 번째 언어라고 말했다. 그러나 어떤 이유에선지 사람과 동물은 나뉘어졌고 소통이 불가능해졌다. 이것은 무엇을 의미하는가? 신이 주신 첫 번째 언어를 잃어버렸다는 것을 뜻한다.

흔히 인간과 동물의 차이점 중 하나로 언어를 꼽는다. 생각하고 말할 줄 아는 인간의 지성이 동물과 구별되는 점이라고 자랑스럽게 이야기한다. 하지만 인간이 언어를 갖게 되면서부터 인간과 동식물이 대화가 단절되었다는 것을 잊어서는 안 될 것이다.

동식물들은 우리가 쓰는 그런 언어가 없다. 그러나 애완동물을 길러보면 안다. 동물들이 우리의 말을 이해한다는 것을. 그렇다면 동물들이 정말 우리의 말을 알아듣는 것일까?

최근 한 TV에서 재미있는 프로를 방송했다. 독일의 수학 천재 돼지에 대한 것이었다. 돼지는 1+1=2, 3+5=8, 7-3=4라는 연산을 능숙하게 해냈다. 주인이 종이에 쓴 덧셈, 뺄셈의 수식이 맞는지 틀리는지 정확히 가려냈다. 그러나 여기에는 트릭이 있었다. 돼지가 실제로 연산 능력이 있어 답을 가려낸 것이 아니라 종이를 보여줄 때 주인의 미묘한 신호를 보고 맞는 답인지, 틀린 답인지 알아챘다.

동식물들은 우리의 말을 직접 알아듣지 못한다. 그러나 그들은 안다. 우리의 말에 실린 감정을. 그들이 우리의 말을 이해하고 알아듣는 것은 바로 우리의 말에 실린 '감정'을 통해서다. 그들은 우리와 접촉하는 순간 즉각적으로 우리의 감정을 알아챈다. 동물이 주인에게 고분고분한 건 그가 자신을 예뻐한다는 것을 알기 때문이다. 강아지가 주인을 기다리는 것은 주인이 자신에게 밥을 줄 거라는 것을 알기 때문이다.

북미 인디언들은 동물과 식물을 '인간의 영적 교사'라고 부른다. 그들이 그렇게 말하는 이유는 동식물들이 인간보다 세상에 먼저 왔기 때문이다. 그리고 이 세상에 오랫동안 적응하면서 어떻게 살아야 할지 안다. 하지만 인간은 이 세상에 맨 나중에 왔을 뿐 아니라 자연

속에서 스스로 생존할 수 있는 능력이 상대적으로 떨어진다. 그 때문에 원주민들은 동물과 식물들을 통해서 이 세상에서 살아가는 지혜를 배웠다. 만일 동식물의 이런 지혜가 없었다면 인간은 살아남지 못했을 것이다. 그들이 동식물을 영적 교사로 여기는 것은 그 때문이다.

얼마 전 인도네시아에 쓰나미가 덮쳤을 때 이미 동물들은 높은 지대로 다 피한 뒤였다는 보도가 있었다. 동물들은 대재앙이 올 것을 알고 미리 피했다. 이러한 동물들의 행태를 잘 알고 있는 섬의 원주민들 또한 미리 대피해서 거의 피해가 없었다고 한다. 결국 쓰나미 피해를 본 것은 도시에서 온 지성을 가진 인간들뿐이었다고 한다. 인간의 지성이란 것이 얼마나 허망한 것인지 알 수 있다.

동물들은 사람들처럼 논리적인 언어를 가지고 있지 않지만, 자연의 변화를 직감적으로 감지하는 능력을 갖췄다. 특히 동물들은 시간을 확장된 공간의 차원으로 지각하는 능력을 갖춘 것으로 알려져 있다. 마치 우리가 눈으로 눈앞에 펼쳐진 공간을 바라보듯 동물들은 시간을 그런 방식으로 본다.[4] 이런 능력은 극소수의 투시가들만이 갖고 있다고 한다.

이 같은 동물의 특별한 능력은 왜 그들이 사람들이 접근하면 서

---

[4] Joachim-Ernst Berendt, *The World is Sound: Nada Brahma*, 1983, p.96.

둘러 몸을 감추는지 이해하게 해준다. 왜냐고? 답은 간단하다. 인간의 공격적이고 폭력적인 태도를 너무도 잘 알기 때문이다. 우리가 미처 우리의 마음을 헤아리기도 전에 먼저 우리의 행동을 보고 아는 것이다. 그래서 낯선 사람을 바라볼 때 매우 긴장하고 경계한다. 집에서 기르는 개를 보면 알 수 있다. 자기를 예뻐하는 주인이나 가까운 사람들을 만나면 좀처럼 짓는 법이 없다. 오히려 꼬리를 살랑살랑 흔들며 아는 척을 한다. 그러나 낯선 사람을 만나면 온순하던 개도 거칠게 짓는다. 그리고 경계를 늦추지 않는다. 물론 식구들이라고 해서 내면에 공격성과 폭력성이 없는 것은 아니다. 그러나 동물들은 적어도 식구들이 자기한테 그러한 행위를 하지 않으리라는 것을 안다. 그러나 낯선 이는 어떤 행동을 할지 알 수 없기 때문에 잠시도 경계를 늦추지 않는 것이다.

북미 인디언 아이들은 야생동물의 발자국을 추적하여 야생동물을 찾고 그 엉덩이를 찰싹 때리고 도망치는 놀이를 즐겨 했다고 한다. 가축도 아니고 야생동물의 엉덩이를 때린다는 것은 보통 어려운 일이 아니다. 그러나 야생에서 자란 인디언 소년들은 이 놀이를 무척 즐겼던 것으로 알려져 있다. 톰 브라운이 쓴 《자연에 미친 사람들Tracker》이란 책에 보면 이런 이야기가 자세하게 소개되어 있다. 아이들은 동물들의 발자국만 보고도 어떤 동물인지 안다. 추적하려는 동물의 발자국이 생긴 지 한두 시간 정도밖에 안 되었다면 즉시, 발자국을 따라가기 시작한다. 마침내 그 동물, 예를 들어 사슴을 발견하면 걸음을 늦춰 사슴이 자기를 의식하는지 살핀다. 사슴이 경계를 늦추고 있으면 한 걸음 한 걸음 천천히 접근해간다. 그러다 사슴이 경계의 눈초리로 자기를 쳐다보는 것을 느끼면 바로 동작을 멈추고 꼼짝하지 않는다. 앞발을 내디디고 팔을 올린 상태라도 그 동작 그대로 멈춘다. 그 상태에서 시선의 초점을 풀고 사슴에게 전혀 관심이 없다는 태도를 취한다. 그러면 사슴은 다시 경계를 풀고 풀을 뜯는다고 한다. 그때 다시 천천히 한 걸음씩 사슴에게 다가가는 것이다.

야생동물들은 무척 경계심이 많다. 특히 사슴은 더욱더 그렇다. 바람에 실려 오는 나뭇가지의 부스럭거림에도 귀를 쫑긋 세우는 것이 바로 사슴이다. 사슴이 자꾸 경계하는 눈초리를 보이면 동작을 멈춘 상태에서 한두 시간씩 그대로 서 있어야 하는 경우도 적지 않다고 한다. 생각해보라. 무릎은 구부리고 팔은 든 채로 한두 시간 그대로 있으면 우리 몸이 어찌 되겠는가? 현대인들은 온몸이 경직되어 그렇게 계속 서 있지도 못할 것이다. 하물며 사슴이 경계를 늦춘다고 해도 다시 몸을 움직이기 어려울 것이다. 그러나 원주민들은 그런 동작정지 상태로 오랜 시간 서 있어도 몸을 유연하게 유지하는 법을 안다. 그렇게 가만히 있다가 동물이 경계를 늦추면 다시 한 걸음씩 접근한다. 실제로 원주민 아이들은 그런 놀이에 꽤 능숙했다고 한다. 톰 브라운의 인디언 스승이었던 아파치족 할아버지는 젊은 시절 늑대 뒤를 살금살금 쫓아가서 마침내 엉덩이를 찰싹 때리고 오는 데 성공했다고 한다. 마을 어르신들은 그의 용기와 침착함을 보고 그에게 '늑대의 뒤를 쫓는 사람'이란 이름을 주었다. 사슴보다 늑대의 뒤를 쫓는 것이 훨씬 더 어렵고 위험하기 때문이다.

감옥에서 나온 장기수들은 종종 이런 이야기를 들려준다. 어느 날부터 쥐들이 자신을 경계하지 않고 주위를 왔다 갔다 한다는 것이다. 감옥에 있는 사람들은 마음을 나눌 벗이 없는 경우들이 많다. 그래서 감옥을 찾는 동물이나 벌레들에게 관심을 보이게 되는데, 남은 밥을 그들이 다니는 길목에 놓아두면 정기적으로 와서 먹고 간다. 처음에는 사람을 경계하지만, 얼마 지나면 자유롭게 감옥 안을 오간다. 이런 이야기들은 사형을 앞둔 사람들의 경우에 더 극적이다. 그들은 사형이 결정되면 처음에는 몹시 힘들어하지만, 곧 모든 집착을 놓아버리게 된다고 한다. 그러고는 먹던 빵이나 밥을 남겨 쥐들이나 벌레들에게 나눠준다. 쥐들은 이런 사형수들에게 경계심 없이 다정한 친구처럼 다가와서 먹고 간다. 사형수들은 목숨에 대한 집착을 놓아버리는 순간, 평정에 들게 되는데 동물들은 이것을 귀신처럼 알아차리는 것이다. 그리고 경계심을 풀고 자유롭게 감방을 드나든다. 한 선배는 이런 이야기를 들려준다. 기도 중에 주문을 외우는 데 열중하다 보면 어느 순간 쥐가 바로 옆에 와서 고개를 쳐들고 자기를 멀끔히 쳐다보곤 한다고.

여기서 동물들은 우리가 그들을 공격하려는 마음이 있는지 없는지, 또 자기에게 호의적인지 아닌지를 거의 '본능적으로' 안다는 것을 알 수 있다. 우리도 잘 모르는 우리의 마음을 말이다.

야생동물 중에는 시력이 발달한 동물도 많지만, 시력은 거의 퇴화하고 대신 귀가 발달했거나 후각이 뛰어난 동물들도 많다. 우선 하늘을 나는 새는 거의 대부분 시력이 좋다. 특히 빠른 속도로 하늘을 나는 맹금류들의 경우에는 다른 새들보다 시력이 뛰어나다. 독수리 같은 경우에는 높은 하늘에서 망원경 같은 눈으로 지상의 움직임을 샅샅이 살필 수 있다고 한다. 그러나 지상 동물의 경우는 시력이 우리보다 크게 나을 것이 없으며, 대신 귀나 후각이 우리보다 훨씬 더 발달했다고 한다. 대체로 아프리카 사바나에 사는 사자나 치타, 표범 같은 고양이과의 동물들은 시력이 발달한 대신 귀는 그리 발달해 있지 않다. 그래서 지대가 약간 높아 넓은 초원을 바라볼 수 있는 나무 그늘 같은 곳을 좋아한다.

그런가 하면 하이에나나 자칼과 같은 개과의 동물들은 눈 대신 귀와 후각이 발달돼 있다. 개의 경우 우리보다 귀가 8배나 밝다고 하며, 후각 또한 우리를 훨씬 능가한다. 예를 들어, 마약단속견이 예리한 후각으로 수많은 공항 수화물들 속에서 귀신처럼 마약을 찾아내는 것을 보면 그것을 알 수 있다. 여우도 귀와 후각이 발달해 있는 것으로 유명하다. 여우는 풀숲에서 나는 소리를 가만히 듣고 있다가

정확히 목표지점이 확인되면 공중으로 점프하여 사냥감을 덮친다. 반면 땅에 굴을 파고 사는 두더지 같은 동물들은 시력이 퇴화한 대신 후각이 매우 발달했다.

우리는 흔히 고양이와 개의 차이에 대해 이런저런 말들을 한다. 고양이는 주인에게도 좀처럼 정을 주지 않지만, 개는 자기를 예뻐하는 주인 뒤만 쫓아다닌다고. 그 차이는 어디에 있는 것일까?

우테-피큐리스족 인디언인 조셉 라엘은 테와어에서 눈chech은 '요리하는 것'이란 뜻이고, 귀tischus는 '주는 것'을 의미한다고 한다.5) 눈이 요리한다는 말은 무슨 뜻인가? 눈은 자기가 원하는 것만 취하는 습성이 있다. 그래서 백화점 같은 데 가서 눈으로 쇼핑하는 것을 두고 '아이쇼핑eyes shopping'한다고 말한다. 즉 눈으로 보고 마음에 드는 것을 미리 찜해두는 것이다. 어디 그뿐인가. 남자들은 예쁜 여자들을 보면 가만있지 못한다. 그래서 인디언들은 눈을 요리하는 것이라고 표현한다. 우리말의 '눈총'에서 보듯이, 눈은 공손하지 않으면 공격적이고 폭력적일 수 있다. 맹금류들의 눈이 특히 예리하고 무서운 것은 그 때문일 것이다.

그렇다면 '귀는 주는 것'이란 말은 무슨 뜻인가? 소리를 무심하게 듣게 되면 단순히 소음에 불과하지만, 마음을 실어 듣게 되면 소

---

5) Joseph Rael, *Ceremonies of the Living Spirit*,1998, p.94.

리의 뒤에 있는 존재의 마음을 읽을 수 있다. 상대방의 마음을 읽으려면 먼저 내 마음을 열고 그 소리를 받아들여야 한다. 그래서 인디언들은 귀를 가리켜 마음을 열어 자신의 존재를 내주는 것이라고 말한다. 이렇게 눈과 귀는 다르다. 고양이가 상대적으로 개보다 사람을 덜 따르는 것은 시력에 의존하는 습성 때문이 아닐까? 그리고 개가 그처럼 정에 약한 것은 귀를 열어 상대방에게 자신의 마음을 내주는 습성 때문이 아닐까. 개는 일단 자신의 마음을 열어 보인 주인에게는 절대복종한다. 그러나 보통의 고양이는 다정하게 굴어도 주인에게 절대복종하지 않는다. 대신 혼자 고독을 즐긴다. 좀처럼 자신의 내면을 열어 보이지 않는 것이다.

결국 동물의 세계에서도 마음을 여는 데는 눈보다는 귀가 더 중요하다는 것을 알 수 있다. 이와 관련하여 아프리카의 원주민들은 종종 코로 냄새를 맡는다고 하지 않고 '코로 듣는다'고 말하는데, 후각 또한 청각 못지않게 내면으로 향하게 하는 힘이 있다는 것을 알기 때문이다. 실제로 아로마 등 각종 향香을 사용하면 명상하는 데 도움이 된다. 고대인들은 동서를 막론하고 중요한 의례를 행할 때는 반드시 향을 피웠다. 기원전 5천 년경에 시작된 중동의 향 문화도 그렇고, 북미 인디언들의 세이지와 향초와 삼나무 향을 피우는 문화도 그렇다.

그들은 말한다. 향은 '신의 음식'이라고. 향이 우리의 마음을 신과 소통케 한다는 말이리라. 이런 향 문화는 밖으로 향한 우리의 마음을 내면으로 돌린다. 원주민들이 냄새 맡는 것을 듣기라고 말하는 것은 그 때문일 것이다.

그런데 소리를 듣는 것은 동물만이 아니다. 피터 톰킨스의《식물의 정신생활》에 보면,[6] 식물들이 우주의 소리에 늘 귀 기울이고 있다는 이야기가 나온다. 그뿐만 아니라 아름다운 음악을 들려주면 식물들이 더욱더 무럭무럭 잘 자란다. 이때 클래식 음악도 좋지만, 그보다는 인도의 라가 음악, 중앙아시아와 중동의 마캄 음악 등 시나위 계통의 음악들이 훨씬 더 뛰어난 효과를 발휘한다고 한다. 음악을 듣고 자란 식물은 과실들도 더 많이 생산한다. 이러한 사실은 식물들이 소리, 보다 정확히 말해서 음악을 듣는다는 것을 뜻한다. 들을 수 있는 귀를 갖고 있을 뿐 아니라 소리에 반응하는 것이다.

인도의 전설에 의하면, 크리슈나 신은 음악으로 신록을 가꾸었다고 한다. 또 무굴 제국 악바르 황제의 한 신하는 라가를 불러 비를 내리게 하고 식물의 성장을 촉진하여 꽃을 빨리 피우게 했다고 한다. 그런가 하면 타밀어로 된 문헌에는 딱정벌레의 감미로운 날갯짓 소리에 사탕수수가 왕성하게 자라났다고 한다. 감미로운 선율로 세레나데를 불러주면 카시아 피스툴라의 황금빛 꽃에서 꿀물이 줄줄

---

6) Peter Tompkins, & Christopher Bird, *The Secret Life of Plants*, 1973.

흘러내렸다는 기록도 보인다.[7]

　그와 비슷한 이야기들이 북미 원주민들 사이에서도 전해온다. 등에 혹이 달린 베짱이 코코펠리가 노래를 해주어야만 곡식이 잘 자라고 풍성한 열매를 맺는다는 이야기에서부터, 농사를 지을 때 매일 가족 중 한 사람이 밭에 가서 작물들에게 노래를 불러준다는 것 등이 그것이다. 이와 관련하여 피터 톰킨스는 호피족의 '노래를 알아듣는 씨앗'에 대한 다음과 같은 흥미로운 이야기를 들려준다.

　애리조나주 북동지역의 건조지대에는 호피족이 살고 있다. 호피족은 수백 년 동안 그곳의 메사 꼭대기에 거주해왔다. 그들의 언어로 '호피Hopi'란 말은 '평화적인', '좋은'이란 뜻이다. 7월 한낮, 38도까지 올라가는 폭염 속에서 낮잠을 즐기던 존 키미는 이상한 소리에 잠을 깨었다.
　부족 대부분은 한낮의 휴식시간에 잠을 자러 가고 없을 때, 키미는 돌집 담들을 지나 호테빌라 마을의 중앙광장으로 갔다. 그 시간에는 미친개나 백인들만이 그곳에 갈 것이다. 설명할 수 없는 어떤 힘에 이끌린 키미는 제3메사의 가장자리를 천천히 걸어 메사 아래의 흙먼지가 이는 길로 내려갔다. 그러고는 신령에 이

---

7) Tompkins, 앞의 책.

　　　　　　　　　　　　　　　잃어버린 지혜, 듣기

끌리기라도 한 것처럼 절벽 아래의 돌무더기 곁을 지나 무지갯빛의 도마뱀 자취를 따라갔다. 그러다 순간적으로 발길을 멈추고 서서 건조한 주변 지역을 떠도는 이상한 노래에 귀를 기울였다. 잡석들이 쌓인 곳을 지나자 옥수수가 심어진 드넓은 밭이 나타났다. 부드럽고 힘 있는 목소리로 부르는 노래는 점점 더 분명하게 들려왔다. 그는 깜짝 놀랐다. 허리께쯤 올라오는 호피족 옥수수밭의 수천 또는 그 이상 되어 보이는 옥수숫대에는 하나같이 12개, 또는 그 이상의 열매들이 주렁주렁 매달려 있었다. 강우량이 풍부한 아이오와주의 비옥한 토양에 심어진 옥수수처럼 싱싱했다. 마을 주변의 밭뙈기들에 흩어져 있는 갈색의 삐쩍 마른 시든 옥수숫대들과 극단적인 대조를 이루고 있었다.

발끝으로 옥수수 줄기를 헤치고 나아간 키미는 마침내 땅 위에 앉아 있는 한 인디언 노인의 잿빛 머리카락과 마주쳤다. 노인은 지나가는 동물이나 사람에게는 무관심한 듯 가만히 눈을 감고 있었다. 그의 주변에는 우주와 일체가 된 듯 깊은 침묵이 흐르고 있었다.

키미는 조용히 그곳에서 나와 메사로 돌아왔다.

"티투스 노인을 만난 게로군! 그는 여전히 고대의 호피족 방식을 지키고 있다네. 호피족 방식은 지금의 세대에게는 거의 다 잊힌 거나 다름없지. 하지만 그 노인만은 고집스럽게 옛 방식을 유지한다네. 그의 식물을 그토록 생기 있게 만드는 것은 물이 아니라 '나보티'라네. 그는 옥수수 아이들에게 찬트를 불러줄 적당한 때를 가슴으로 알지. 그는 옥수수 씨앗을 심을 때도 기도해준다네. 무엇보다 중요한 건, 그가 수확량을 걱정하는 대부분의 농부와 달리 미리 걱정하거나 불안해하지 않는다는 거야. 왜냐하면 걱정과 염려는 날로 심해지는 가뭄과 마찬가지로 옥수수들에 치명적이거든. 그는 걱정하는 대신, 옥수수 아이들이 가장 힘들어하는 한낮 불볕더위에 여러 세대를 거쳐 내려온 옛 노래를 불러주어 그들을 위로하고 격려하는 거지."

키미는 끼어들었다.

"그게 사실이라면, 다른 옥수수밭 농부들도 노래가 옥수수들에게 어떤 영향을 미치는지, 수확에 얼마나 차이가 나는지 알고 있을 게 아닙니까? 그런데 왜 그들은 밭에 가서 노래를 부르지 않는 거지요?"

노인은 한숨을 쉬었다.

"너무 늦었다네. 나보티는 다른 사람들의 씨앗 속에는 더 이상 살아 있지 않거든."

키미는 타오스족 부락의 집으로 돌아왔다. 그곳에서 그는 15년 동안 테와 인디언 어르신들로부터 원주민들의 전통의례 도제 수업을 받아왔다. 그는 집으로 돌아오며, 그가 지나온 19명 푸에블로 인디언들의 경작지들 대부분이 벌써 여러 해가 지나도록 농사를 짓고 있지 않다는 사실을 깨달았다. 사람이 먹는 작물은 말할 것도 없고 동물의 사료로 쓸 작물들도 마찬가지였다. 그들이 가진 씨앗들은 백인들이 가져온 것들로, 이런 건조한 지대에서는 제대로 자라지 못했다. 그의 마음속에서 잠시도 떠나지 않는 티투스 노인의 노래에 귀를 기울이는 동안, 그는 문득 노인의 씨앗들이 그에게 뭔가 말하는 것을 들었다. 그들은 말하고 있었다. 노바티 힘은 지금은 잊힌 곡물의 숨겨진 장소나, 토기 단지, 오래된 커피 캔, 어두운 창고 구석에 버려진 양동이, 사람이 살던 집의 담벼락, 또는 마른 옥수숫대로 엮은 돗자리나 멍석 등에 오랫동안 보존되어 있던 다른 씨앗들 속에도 여전히 살아 있을 거라고.

그가 자신을 불렀다고 느낀 오래된 씨앗들은 여러 해, 또는 몇십 년 묵은 것이었다. 심지어 상업적인 씨앗들이 유통되기도 전에 수거돼 한 세기나 묵은 것들도 있었다. 그 오래된 씨앗들은 사람들이 그들에게 노래를 불러주던 시대에 그들 속에 각인되었던 고대의 생명력을 여전히 갖고 있을 가능성이 많았다. 늙은 씨앗들은 그들이 영원히 망각의 늪 속으로 사라지기 전, 어서 찾아내어 정성으로 땅에 다시 심어져야 한다고 필사적으로 외치고 있었다.

그는 여든두 살 먹은 인디언 양아버지에게 이 이야기를 들려드렸다. 노인의 얼굴에서 시간을 거슬러 올라가 지금보다 훨씬 더 행복했던 날들 속으로 헤엄쳐 들어가는 영혼을 볼 수 있었다. 양아버지는 천천히 의자에서 일어나더니 옆방으로 들어갔다. 잠시 후 세 개의 조그만 깡통을 들고나왔다. 거기에는 키미의 눈에 밝게 빛나는 사파이어처럼 보이는 것들로 가득 차 있었다. 그가 검푸른 옥수수 씨앗들을 바라보았을 때, 그는 티투스 노인의 목에서 나왔던 목소리와 비슷한 노랫소리를, 그것도 합창으로 울려 퍼지는 소리를 들었다.

그의 인디언 아버지는 설명했다. 바로 일주일 전, 그의 처제 집에 있는 낡은 트렁크 속에서 이 깡통들을 찾아냈다고. 이듬해 봄, 키미는 노래를 부르며 직접 씨앗을 심었다. 옥수수는 거의 3미터 높이로 씩씩하게 자라났고, 그것은 푸에블로 노인들을 놀라게 했다. 어린 시절 이후로 그처럼 큰 옥수수를 본 적이 없었기 때문이다.[8]

우리말에 '곡식은 주인의 발소리를 들으며 큰다'는 말이 있다. 작물을 생각하고 걱정하고 돌보는 마음을 작물들이 안다는 뜻일 것이

---

[8] Peter Tompkins & Christopher Bird, *Secrets of the Soil*, 1998, p.147ff.

　　　　　　　　　　　　　　　　　　잃어버린 지혜, 듣기

다. 말 못 하는 식물도 이렇게 사람의 마음을 안다. 비록 우리와 같은 귀는 없지만, 그들 또한 듣는 것이다. 귀 없는 식물들이 이렇게 소리를 듣는다면 바위나 산, 강은 어떨까? 또 해님, 달님, 별님은? 그들도 우리의 말을 알아듣는 것은 아닐까?

왜 고독이 주는 선물을
외면하는가
인디언들의 듣기

북미 인디언들이 그린 그림들을 보면, 눈으로 보면서도 마치 귀로 듣는 듯한 느낌을 강하게 받는다. 1930년 전후 도로시 던이 인디언들에게 그림을 가르치기 위해 세운 '예술 스튜디오' 출신의 인디언 화가들의 그림들을 보면 더욱 그런 느낌을 받는다. 말로 형용할 수 없는 속삭임과 이야기가 들려오는 것이다. 그것도 영혼 깊은 곳에서. 그 비밀은 무엇일까?

R. C. 고어맨은 나바호족 출신의 화가로 20세기 후반을 풍미한 대표적인 인디언 화가다. 그는 많은 백인 비평가들로부터 '인디언 피카소'라고 불렸다. 그런데 그의 그림 또한 눈으로 보는 그림임에도

불구하고 끊임없는 내면의 이
야기를 들려준다. 그래서 그의
그림을 보면서 나는 오히려 듣
는다는 느낌을 강하게 받는다.

그는 평생 인디언 여성만
그린 사람이다. 그래서 그의 그
림 속에는 그의 민족인 나바호
족 여인 아니면 그가 살았던
타오스족 마을의 여인들이 주
로 등장한다. 남자는 일절 등장

| 인디언 화가 R. C. 고어맨(R.C.Gorman)의 작품.
〈Beauty Way〉

하지 않는다. 백인 여성도 그는 그려본 적이 없다. 그가 유년 시절과
청년 시절을 보냈던 20세기 전반기는 인디언들이 보호구역에 갇혀
있던 어둠의 시기였다. 인디언의 전통과 문화가 거의 다 파괴되었을
때였다. 그들은 사실상 포로수용소나 다름없는 철조망 속에 갇혀 살
았다. 그 시기에 인디언 남성들은 할 수 있는 것이 아무것도 없었다.
사냥도 할 수 없었고, 가족을 먹여 살릴 수도 없었다. 그저 백인들
이 주는 배급품을 받아 하루하루를 연명해야 했다. 그러면서 백인들
에게 온갖 모욕과 멸시를 당했다. 결국 남자들의 자존심은 있는대로
다 무너졌다. 혈기왕성한 인디언 남자들은 그들의 그런 처지를 도저
히 받아들일 수 없어 술 마시고 마약을 했다. 그는 바로 그런 시대에

보호구역에서 성장했다. 그런데 남자들과 달리 여성들은 어려운 여건 속에서도 가족을 먹여 살리고, 상처받은 인디언 아이들을 사랑으로 감싸주었다. 술 마신 남편들에게 얻어맞으면서도 그녀들은 화내지 않았다. 오히려 그들의 허물을 덮고 격려했다. 그런 인디언 여성들 - 어머니, 이모, 고모, 사촌 누나, 마을의 여성들 - 을 바라보면서 고어맨은 형언할 수 없는 힘과 신비로움을 느꼈던 듯하다. 그래서 그는 평생 인디언 여성들의 이런저런 모습들을 그렸다. 인디언 여성들이야말로 그의 삶에 강렬한 의미를 주었던 그 무엇이었던 것이다.

그래서 그럴까. 그가 그린 인디언 여성들 그림들을 보면 그냥 지나칠 수 있는 것이 하나도 없다. 언어로 표현할 수 없는 깊은 내면의 말을 들려주기 때문이다.

인디언들의 사고방식은 기본적으로, '보는 것seeing'과 '듣는 것listening'에 기초해 있다.9) 여기서 본다는 것은 단순히 눈앞에 펼쳐진 현상을 바라보는 것이 아니라 모든 존재가 원의 형태로 서로 연결되어 있음을, 관계 맺어 있음을 보는 것이다. 이것을 라코타족의 대추장이었던 검은 엘크는 이렇게 노래한다.

인디언은 모든 일을 원 안에서 한다.

---

9) TDonald Fixico L., *He American Indian Mind in Linear World*, 2003, pp.1-7.

잃어버린 지혜, 듣기

우주의 힘은 늘 원을 그리며 움직이기 때문이다.
모든 존재들 또한 둥근 모양이 되려 애쓴다.

그 옛날, 우리가 행복하고 강한 민족이었을 때
우리의 모든 힘은 겨레의 신성한 고리로부터 나왔고
그 고리가 단절되지 않는 한 우리 민족은 번창했다.

그 중심에는 꽃나무가 심어져 있었으며
네 방향의 원이 그 꽃나무에 영양분을 주었다.
동쪽은 평화와 빛을 주고
남쪽은 따뜻함을 주고
서쪽은 비를 주고
북쪽은 차갑고 거센 바람을 통해 강인함과 인내를 주었다.

이 모든 것은 우리의 종교와 함께
위대한 신령에게서 왔다.
우주의 힘이 하는 일은 모두 원을 이룬다.
하늘은 둥글고 땅도 공처럼 둥글다.
별들도 마찬가지다.
바람도 힘이 가장 셀 때는 동그랗게 회오리를 친다.

새들도 둥지를 둥글게 만든다.

새의 종교 역시 우리와 같기 때문이다.

태양은 원을 이루며 동녘에서 떴다가 서쪽으로 진다.

달도 같다. 태양과 달은 그 모양도 모두 둥글다.

계절도 같다. 네 절기의 변화가 커다란 원을 그린다.

봄에서, 여름, 가을로 그리고 겨울에서 봄으로 원을 그리며

처음으로 되돌아온다.

사람의 인생도 그와 같다.

아이에서 시작해 아이로 돌아가며 원을 이룬다.

우주의 힘이 관통하는 모든 것은 그렇게 생명의 원을 이룬다.

그러므로 우리는 천막을 칠 때도 새의 둥지처럼 둥글게 만든다.

수많은 둥지가 모인

겨레의 고리 역시 커다란 둥지를 이룬다.

겨레의 둥지는

위대한 신령이 우리가 아이들을 키우도록 마련해주신 곳이다.

그렇게 모든 존재는 원으로 연결되어 있다. 원 안에 다시 원이 있

고, 모든 것이 순환 형태로, 나선 형태로 서로 연결되어 있다. 수우족 주술사 레오나드 까마귀개는 말한다. "우리는 신성한 원, 신성한 고리 속에서 산다. 우리는 어머니 대지로부터 왔고, 어머니 대지에게 돌아간다. 우리는 사슴을 먹고, 사슴은 풀을 먹고, 풀은 우리가 죽은 뒤 우리의 육신을 먹는다. 그렇게 모든 것은 생태적인 순환의 고리로 연결되어 있다."[10] 체로키족 영적 교사 다이야니 야후 또한 말한다. "찰라기(체로키)들에게 그들의 세계관이나 삶과 죽음, 나타남과 사라짐 등 이 세상의 모든 현상은 원의 형태로 이루어진다. 그것은 모든 차원을 통해서 나선형으로 뻗어나간다. 조상들의 모든 가르침은 궁극적으로 저 나선형의 확장에 대한 것이다."[11] 크로우족 여인 재키 노란꼬리 역시 말한다. "생명은 원이다. 우리네 인생은 원이다. 이 세계도 원이다. 직선이란 '생명의 원'의 한 부분일 뿐이다."[12]

이처럼 인디언들은 모든 것을 원을 통해, 나선형을 통해 바라본다. 세상의 평화는 오직 사람들이 원과의 관계를 올바로 이해할 때만, 이 세상의 모든 존재와 하나 될 때만 온다고. 나바호족은 이것을 '아름다움 속에서 걷기hozhone haaz'dlii, walking in beauty'란 말로 표현한다.

---

10) Fixico, 앞의 책, p.47.
11) Dhyani Ywahoo, *Voices of our Ancestors*, 1987, p.13.
12) Fixico, 같은 책, p.45.

북미 원주민 사회에서 이 신성한 원은 종종 '꽃피는 나무'로 불린다. 《일곱 개의 화살》을 쓴 하이메이요츠 태풍은 이렇게 말한다. "신성한 원은 우주를 상징한다. 그것은 변화이고 삶과 죽음이며 탄생과 배움이다. 이 위대한 원은 우리의 몸과 마음과 가슴을 둘러싼 둥근 움막과 같다. 원은 존재하는 모든 것을 그 안에 품고 있다. 원은 우리가 관계하는 방식이며, 우리를 둘러싼 모든 것과 조화를 경험하는 방식이다. 그리고 인생의 의미를 찾는 사람에게 원은 그들의 거울이 된다. 이 원은 꽃피는 나무다. 우리가 가진 모든 것은 꽃 피는 나무의 가르침의 일부다."[13]

　　이 신성한 원의 중심은 인디언 부족위원회의 중심에 놓이는 '신성한 불'이나 파우와우 축제의 중심에 놓이는 '북'과 같은 것을 통해서 상징된다. 수우족의 주술사 검은 엘크는 이 중심에 놓이는 북의 중요성에 대해서 이렇게 말한다. "북은 우리의 각종 의례에서 사용되는 유일한 도구다. 그렇다면 북은 왜 그렇게 신성하고 중요한가? 그것은 북의 둥근 형태가 우주 전체를 상징할 뿐 아니라 우리의 심장박동 소리를 상징하기 때문이다. 북소리는 우리를 우주의 중심으로 밀어 넣는다. 북소리는 위대한 신령의 목소리다. 그 소리는 우리를 일깨운다. 그리고 세상의 모든 신비와 신성한 힘을 이해하게 해

---

13) Hyemeyohsts Storm, *Seven Arrows*, 1972, p.14.

　　　　　　　　　　　　　　　　　　　　　잃어버린 지혜, 듣기

준다."14)

　그런데 원을 통해서 보는 것은 겉으로 드러난 현상, 표면만이 아
니라 사물의 본질, 또는 존재의 내면을 통해서 보는 것을 의미한다.
북미 인디언식으로 표현하면, 그것은 '신명vision과 꿈을 통해서 보
는 것'이다. 신명이란 무엇인가? 그것은 육신의 눈이 아니라 '영혼의
눈'으로 보는 것이다.

　인디언들은 이러한 신명은 오직 침묵과 듣기를 통해서만 도달할
수 있다고 말한다. 겉으로 드러난 현상을 통해서는 도달할 수 없다
는 것이다. 그것은 눈이 아니라 자연의 소리와 내 안의 소리에 귀를
기울임을 통해서만 이루어진다. 오직 침묵하고 들을 때에만 자기 내
면으로 향하는 것이 가능하다는 것이다. 실제로 사춘기에 접어든 인
디언 소년들이 하는 신명탐구vision quest(들판이나 산에 혼자 가서 여러 날
동안 단식하며 영적탐구를 하는 의식)는 침묵 속에서 신과 자기 내면의
목소리를 듣는 과정이다. 이 영적 탐구과정을 통해서 그들은 세상의
모든 존재가 원으로 연결되어 있으며, 결국 모든 생명은 하나라는
것을 깨닫는다. 그리고 자신의 삶에 필요한 지혜와 타인에 대한 이
해와 용서의 힘을 얻으며, 자신이 누구인지, 왜 이곳에 왔는지, 그리

---

14) Joseph Epes(ed.) Brown, *The Sacred Pipe: Black Elk's Account of the Seven Rites of the Oglala Sioux*, 1971, p.69.

고 이곳에서 해야 할 일이 무엇인지 알게 된다.

북멕시코의 킥카푸족의 마사네아는 이제 막 사춘기에 들어서는 아이에게 이렇게 말한다. "이제 너는 뭔가를 알고 싶어 해. 그런데 어디서부터 시작하지? 그게 문제야. 하지만 그것이야말로 네가 대답해야 할 좋은 질문이지. 아마도 그 답은 듣는 걸 거야. 북소리에 귀를 기울이고, 공기에 귀를 기울이고, 숨소리에 귀를 기울이는 거지……. 또 대지의 숨소리에 말이야. 밤하늘을 여행하는 별들에게도 귀를 기울이는 거야."[15]

듣는 것이 마음을 열고, 영적 세계로 입문하는 첫 단추임을 그는 말하고 있다. 캐나다 북부 크리족 베르논 하퍼 또한 듣기에 대해 이렇게 말한다. "우리 크리족 가르침에서 '듣기'는 우리에게 다른 그 어떤 것과도 비교할 수 없는 중요한 의미를 가진다. 크리족은 주위 환경에, 바람에, 돌멩이에 귀 기울이는 법을 배운다. 우리는 이 모든 것으로부터 귀 기울여 듣는 법을 배운다. 노인들은 종종 말한다. 우리 젊은이들은 듣는 것으로 돌아가는 법을 배워야 한다고……."[16]

그러나 어머니 뱃속에서부터 듣는 교육을 받은 인디언들이라고

---

15) Shirley Ann(ed.) Jones, *Simply Living: The Spirit of the Indigenous People*, 1999, p.56.
16) Jones, 같은 책, p.102.

잃어버린 지혜, 듣기

해도 온전히 자기 내면으로 들어가 소리와 그 소리 너머의 것을 듣는다는 것은 그리 쉬운 일이 아니다. 그래서 인디언들은 봄이 되어 산과 강이 풀리고 새싹이 돋고 계곡의 물소리가 커지기 시작하면 아이들을 큰 나무 밑에 앉힌다. 그리고 나무의 수액이 뿌리에서 줄기를 타고 올라가는 소리를 듣게 한다.

그러면 아이들은 귀를 열고 가만히 나무 밑에 앉는다. 한동안 가만히 앉아 있으면 나무의 껍질이 살아 있는 동물의 피부처럼 꿈틀거리는 게 느껴진다. 그리고 천천히 뿌리의 수액이 가지로 올라가는 소리가 들리기 시작한다. 쏴 - 아, 쏴 - 아 하고.

그렇게 다시 또 잠시 앉아 있으면 나무의 새싹이 돋는 소리가 들리기 시작한다. 마치 애벌레가 나비로 우화하듯 새싹들이 이파리를 펴는 소리가 들려온다. 나무 속에서 기지개를 켠 벌레들이 꿈틀거리는 소리도 들려온다.

인디언들은 나무에게 말을 걸면 나무가 말을 한다고 한다. 바람이라도 불면 나무들이 저 스스로 흥에 겨워 호들갑을 떨며 노래를 부른다고. 그 노래는 때로는 슬프고, 때로는 기쁘고 즐겁다고. 나무 밑에 앉아 귀를 열고 봄이 오는 소리를 들으며 자란 인디언 아이들은 바람, 구름, 산과 강 그리고 들판에 핀 꽃들, 벌레, 해와 달과 별들이 하는 말도 알아듣는다.

그들은 들판에 핀 아름다운 꽃을 꺾는 일이 없다. 꽃들이 말을 걸어오기 때문이다. 잘 있었냐고, 반갑다고, 같이 놀자고.

나무와 대화하는 것은 생각보다 인내가 필요하다. 그래서 많은 이들이 나무와의 대화에 관심을 가지면서도 어려워한다. 이럴 때 인디언 영적 교사들은 말한다. 나무는 말없이 내 모든 이야기를 들어주는 친구라고. 내가 무슨 말을 하든 성냄 없이 열심히 들어준다고. 사람들은 대부분 자기 이야기를 하고 싶지 남의 이야기를 들으려고 하지 않는다. 그런데 나무는 내가 힘들 때나 슬플 때, 어떤 이야기를 해도 다 참을성 있게 들어준다.

그래서 영적 교사들은 나무와 대화를 나누고 싶다면 먼저 입이 무거운 이 친구에게 자신의 이야기를 들려주는 것부터 시작하라고 말한다. 마치 신부님께 고해성사하듯, 다정하게 나무의 마음도 물어보면서.

그런 다음 나무를 다정하게 껴안으라고 한다. 내 말을 열심히 들어준 고마움을 표시하는 것이다. 나무의 모습이 아름답고 우람하고 더 듬직해 보인다고 격려한다. 나무가 어떤 느낌이나 영감을 주었을 때도 반드시 고마움을 표시한다. 나무는 표현하지 않아도 다 보고 듣기 때문이다. 그러면 어느 날 문득 말없이 듣기만 하던 나무가 말을 걸어올 것이다.

뛰어난 인디언 플루트 연주자인 메리 영블러드는 불우했던 어린 시절을 회상하며 자신이 인디언 플루트 연주자로 성장하는 데 힘과 용기를 주었던 브랜디라는 나무에 대해 다음과 같은 감동적인 이야기를 들려준다.

나는 앨류트-세미놀족이다. 어렸을 때 백인 가정에 입양되었다. 부모님들은 내게 좋은 가정환경을 제공해주셨다. 그러나 우리 같은 인디언들이 백인 가정에서 자란다는 것은 힘든 일이다.

애리조나주의 초등학교 4, 5학년 때 일이다. 같은 반 아이들이 나를 때리고, 머리끄덩이를 잡아당기고 내 가슴을 찔렀다. 참으로 잔인한 시절이었다. 나는 틈만 나면 그들을 피해 어두침침한 숲속에 숨어 있다가 집으로 돌아오곤 했다. 내가 인디언이라는 것이 싫었다. 목욕탕에 들어가 내 붉은 피부를 벗겨내기 위해 빡빡 문질렀다.

캘리포니아로 이사했을 때, 나는 이 세상에서 둘도 없는 친구를 만났다. 그녀는 우리 집 근처에서 자라는 커다란 참나무였다. 그녀는 나의 피난처가 되었으며 나에게 힘을 주었다. 나는 매일 그녀의 가지에 올라가 꿈을 꾸며 몇 시간씩 보내곤 했다. 나는 그녀를 브랜디라고 불렀고, 이따금 연필과 종이를 가지고 올라가 글을 쓰거나 그림을 그렸다. 나는 이 특별한 나무를 몹시 사랑했다. 나는 그녀에게 말했다.

"나는 네가 나를 가지에서 떨어뜨리지 않으리라는 것을 알아.

내가 나무에서 떨어질 것 같으면 너는 틀림없이 나를 붙들어줄 거야."

고통스러운 사춘기 시절에 나는 자주 브랜디에게 말을 걸었다. 나의 슬픔을 털어놓고 그녀를 힘껏 껴안았다. 나는 그녀로부터 편안함을 얻었다. 나는 그 나무와 영적인 관계를 맺고 있었다.

어느 날 나는 브랜디의 일부가 되고 싶은 마음으로 그녀의 가지에 올라가 앉았다. 그러나 내가 그녀의 가지에 올라갔을 때 그곳에는 커다란 붉은 개미들이 잔뜩 달라붙어 있었다. 나는 몹시 무서웠다. 한참을 망설인 끝에 브랜디에게 말했다.

"브랜디야, 붉은 개미들에게 다른 곳으로 가달라고 해줘."

그러자 놀라운 일이 벌어졌다. 개미들이 곧 다른 곳으로 옮겨가기 시작한 것이다. 그 후에도 내가 브랜디와 함께 있고 싶다고 하면 나뭇가지에 붙어 있던 붉은 개미들은 그곳을 떠나곤 했다.

당시 내 가족과 친구들은 나를 골치 아픈 존재로 여겼다. 내가 다른 사람들과 다른 존재라는 것, 내가 이 세상에 태어난 것은 분명히 무엇인가 할 일이 있기 때문이라는 것을 깨달은 것도 바로 그 시기였다. 나는 내가 비로소 인디언임을 느꼈다. 나와 브랜디의 관계는 인디언들이 가진 어떤 것이었다. 내가 다른 사람과 다른 존재라는 것이 마침내 내게 사랑과 감사로 다가왔다. 처음으로 내가 인디언이라는 것이 그렇게 자랑스러울 수가 없었다.

내 삶에 변화가 온 것은 그때였다. 나는 인디언들의 플루트를 공부하기 시작했고, 마침내 사람들로부터 인정받는 인디언 플루트 연주자가 되었다. 나의 인디언 플루트는 손으로 나무를 조각해서 만든 것이다. 연주를 위해 플루트의 나무에 손가락을 갖다 댈 때 나는 그곳에 늘 브랜디가 나와 함께 있음을 느낀다.

인디언들은 나무를 '키 큰 사람', 또는 '서 있는 사람'이라고 부른다. 하늘을 향해 팔 벌리고 서서 기도하는 사람이라는 뜻이다. 그리고 사람을 가리켜 '서서 돌아다니는 나무'라고 부른다. 말하자면 존재 방식만 달랐지 나무나 사람이나 다 같은 생명이라는 것이다. 나무도 사람처럼 생각하고, 느끼고, 말할 줄 안다는 것이다. 그래서일까? 시인 시드니 레이니어는 일찍이 다음과 같은 시를 지었다.

나는 혀가 없는 나무를 위해서 말하노라.

봄이 가고
또 다른 봄이 올 때마다
나무는 더욱 고귀해진다.

그리고 말없이 깊은 생각에 잠겨

그의 팔 들을 쭉 펼치고는
커다란 축복의 가지들을
아래로 늘어뜨린 채 기도하며 서 있다.

인디언들에게 나무와 대화한다는 것은 궁극적으로 마음을 열고 존재의 문 안으로 들어가는 것이다. 그래서 나무가 바로 나임을, 내가 나무임을 느끼고 아는 것이다. 그런 점에서 석가모니가 보리수 밑에서 깨달음을 얻었다는 것은 매우 상징적이다.

나무와 대화가 되면, 인디언들은 다음 단계로 어머니 대지의 소리를 들으라고 가르친다. 이로쿼이 출신의 영적 교사 제이미 샘스 Jamie Sams는 이렇게 말한다.

모든 인간이 듣는 첫 번째 소리는 두 개의 심장이 뛰는 소리다. 내 심장의 박동 소리 뒤에서 들리는 어머니의 심장박동 소리가 그것이다. 어머니의 양수 속에서 우리는 더할 수 없는 편안함과 소속감을 느낀다. 왜냐하면 우리는 우리의 심장박동 뒤에서 메아리처럼 울리는 어머니의 심장박동 소리를 함께 듣기 때문이다. 탄생의 기적을 통해서 우리가 이 대지를 밟고 걷게 되었을 때, 두 번째 심장의 박동 소리는 사라진다. 하지만 인간은 깊은 영적 차원에서 안다. 무언가 결여되어 있음을, 그리고 우리는 잃어버린 심장의 박동 소리를 찾아 방황하게 된다.

잃어버린 심장의 박동 소리는 어머니 대지에 귀를 기울이고 침묵할 때 다시 발견하게 된다. 그 침묵 속에서 우리는 우리 심장 안에서 또 하나의 작고 고요한 박동 소리를 들을 수 있다. 그 경험을 통해서 우리는 편안함과 소속감을 다시 발견하게 된다. 어머니 대지의 심장박동 소리는 우리가 결코 혼자가 아님을 일깨워준다. 우리의 진정한 어머니, 대지는 우리에게 자양분을 주고 우리가 쉴 수 있도록 늘 그곳에 존재한다. 그녀가 요구하는 것은 단지 걸음을 멈추고 제2의 심장박동 소리를 귀 기울여 들으라는 것이다.[17]

이것을 아베나키족 작가인 조셉 부르책은 이렇게 말한다. "귀 기울여 들어라. 그런 다음 네 심장이 뛰는 소리를 귀 기울여 들어라. 네 발자국이 대지 위에 만드는 소리에 귀를 기울여라. 이 대지는 거대한 북이다. 너는 그 북소리를 잘 내고 있느냐?"[18]

어머니 대지는 우리 존재의 근거다. 마치 어머니가 우리를 낳고 길러주시는 것처럼. 그런 어머니 대지의 존재를 잊고서 우리는 온전

---

17) Jamie Sams, *Earth Medicine*, 1994, p.119.
18) Joseph Bruchac, *Roots of Survival*, 1996, p.9.

한 삶을 살 수 없다. 나의 존재 근거를 알지 못하고서는 어떠한 도약도 할 수 없기 때문이다. 어머니 대지가 내는 심장박동 소리를 들으라고 하는 것은 그 때문이다.

이러한 행위는 일종의 '의례'라고 할 수 있다. 말로 설명할 수 없는 깊은 체험을 가져다주고 우리가 누구인지 알게 해주기 때문이다. 하이메이요츠 태풍은 이렇게 말한다. "의례는 인생에 귀를 기울이는 시간이며, 동시에 자기 자신에게 귀 기울이는 시간이다. 우리의 삶과 존재는 의례다. 양자 모두 매 순간 그대의 생각과 감정을 반영한다……. 창조주가 무엇을 말하는지 알고 싶다면 그대는 듣는 법을 배워야 할 것이다. 인생은 어떤 해석자도 필요로 하지 않으며, 우리가 인생에 대한 답이고, 도전이다. 인생은 그대가 누구인지 안다. 그러나 그대는 인생이 누구인지 모른다. 인생은 그대에게 말하는 법을 안다. 그러나 그대가 쓰는 언어는 그대의 존재를 설명하기에는 역부족이다."[19]

인디언들이 아이들에게 침묵하고 들으라고 하는 것은 그 때문이다. 아이들이 어느 정도 듣는 것에 적응되면 듣기는 점차 자연의 모든 존재로 확대된다. 왜냐하면 자연의 존재들 또한 생명을 갖고 있고 우리처럼 느끼고 생각하기 때문이다. 심지어 해와 달과 별도, 산

---

19) Heymeyohsts Storm, *Lightningbolt*, 1994, p.437.

과 강, 바다와 들, 바위와 돌멩이 하나, 길가의 풀 한 포기까지도.

그래서 인디언들은 말한다. 시냇물 소리를 들어보라고. 시냇물이 노래하고 춤추고 있지 않냐고. 아침에 떠오르는 해를 보라고. 해가 밝게 웃으며 노래하고 있지 않냐고. 산이 우는 소리를 들어보라고. 산이 노래하고 있지 않냐고. 강이 우는 소리를 들어보라고.

우테-피큐리스족 인디언인 조셉 라엘은 그의 할머니를 회상하며 이렇게 말한다.

우리 할머니는 흙으로 만든 접시에 음식을 담아 우리에게 주시곤 했다. 그러면 우리는 조그만 조롱박 숟가락으로 먹었다. 우리가 조롱박 숟가락으로 서둘러 음식을 먹기 시작하면, 할머니는 우리에게 이런저런 이야기를 해주시곤 했다.

"이 조롱박은 노래로 만들어졌다. 너희들이 먹는 음식은 모두 아름다운 노래로부터 온 것이다. 너희들은 노래를 먹고 있는 거야. 그러니 너희들의 몸 또한 아름답고 신성한 소리를 내게 될 거다. 너희들 자신의 노래를 말이지.

우리가 사는 집은 노래로 만들어졌고, 인생은 소리로 만들어진 집이란다. 사람들은 바로 그 소리들로 만들어지거든. 사람들은 소리로 만들어지기 때문에 듣는 것이 중요하단다. 너희들이 참된 사람이 되는 것은 바로 듣는 것을 통해서란다. 참된 사람은 일하는 동안 주변에서 일어나는 모든 것들에 자신을 맞추어 듣는 단다.

참된 사람이 되려면 누구든지 듣는 것에 주의해야 한단다. 그리고 모든 존재를 통해서 말하는 위대한 신령의 목소리에 늘 귀를 기울여야 하지. 위대한 신령은 나무의 소리나 방문지를 흔드는 바람, 어떤 이의 숨결, 새가 머리 위로 날아가는 것, 또는 말하거나 침묵하는 순간을 통해서 말씀하시거든. 그 소리의 울림이 바로 사람을 만든단다. 사람이 인생의 여정을 가는 동안 위대한 신령의 안내와 가르침을 발견할 수 있는 길은 바로 듣기를 통해, 듣는 것과 귀를 열고 주의를 기울이는 것을 통해서뿐이란다."[20]

인디언들은 그렇게 일상의 모든 행위에서 자연 존재의 이야기와 자신의 내면에 귀를 기울이라고 말한다. 그것이야말로 생명을 공경하는 것이라고. 또 다른 존재를 이해하는 것이라고. 사람은 이런 침묵과 듣기를 통해 성숙한다. 그리고 투명해진다. 결코 나를 앞세우고 남 위에 올라서려고 하지 않는다. 오히려 자신의 가슴을 열고 낮춘다.

침묵과 듣기는 우주와 자연 속에서 그리고 사람들과의 관계에서

---

20) Joseph Rael, *Being and Vibration*, 1993, p.34f.

올바른 관계를 맺는 토대라고 할 수 있다. 실제로 인디언들에게 듣기는 일종의 숨쉬기와 같다고 할 수 있다. 그만큼 그들의 생활 곳곳에 깊숙이 배여 있다.

침묵과 듣기를 잃는 순간, 우리는 자신도 모르게 물질에 이끌리고 나를 앞세우고 남을 지배하려고 한다. 상대방 말을 듣기보다 내 이야기를 하고 싶어 한다. 그래서 사람들이 모인 곳은 언제나 소란스럽다. 그런 자리에는 주장만 있을 뿐 지혜가 들어설 틈이 없다. 지혜가 없는 문화는 죽은 문화다. 바로 여기에 현대문명의 비극이 있다.

어머니의 말씀

애야, 왜 네가 만나는 사람들 속에서
답을 찾니?
왜 너의 편협한 일과 속에
성취가 있다고 믿니?

왜 시간을 놀이와 유희로 채우고
고독의 선물을 희생하니?

네가 발견하는 모든 살아있는 존재의 내면을 보거라.

바위들과 나뭇잎들과 벌새들과 선인장의 에너지를 느껴보거라.
그리고 잠시 풀잎 한 줄기 속에 머물러보거라.
눈송이들의 비밀을 찾아보거라.

애야, 이들 형태 속엔 조화가 있고
조화 속엔 우주가 있단다.

– 낸시 우드

잃어버린 지혜, 듣기

어린아이들은
전생을 기억한다
아프리카 다가라족의 듣기

잭 콘펠드는 그의 저서 《가슴으로 가는 길》에서 아프리카 한 부족의
'영혼의 노래'에 관한 이야기를 들려준다.[21]

    그 부족에서 음악은 생명의 끈이다. 이 공동체에서는 아이의
진정한 탄생을 출생일로 여기지 않는다. 심지어 수태한 순간도
아니다. 어머니가 아이 가질 생각을 하기 시작한 날로부터 기억
된다. 사랑하는 남자와 아이를 갖기로 결정한 뒤 여인은 혼자 나

---

21) Don Campbell, *The Mozart Effect*, 1997, p.218.

무 아래로 간다. 그곳에 앉아 장차 그녀가 임신하게 될 아이의 노래를 들을 수 있을 때까지 귀를 기울인다.

아이의 노래를 들은 다음 집으로 돌아와 아버지가 될 남자에게 노래를 가르쳐준다. 사랑을 나눌 때 함께 노래를 부르며 그 아이가 가정에 오도록 청한다. 아이가 그녀의 뱃속에서 자라는 동안 그녀는 계속해서 그 노래를 들려준다. 산파와 마을의 부인들에게도 노래를 알려준다. 아이가 태어날 때쯤이면 마을 사람들 모두 그 노래를 알게 된다. 그리고 마을 사람들이 불러주는 노래 속에서 아이는 탄생한다.

아이가 태어난 후 다치기라도 하면 마을 주민 모두 아이에게 그 노래를 불러준다. 그뿐만 아니라 아이와 관계된 각종 의례나 좋고 나쁜 일이 있을 때도 노래를 불러준다. 그의 결혼식, 수확 축제, 감사 축제 때도 그 노래를 부른다. 가족과 친구들이 모두 모인 그의 죽음의 침상 앞에서도 그 노래를 부른다.

이 이야기는 아이가 세상에 오기 전에 자신이 누구에게 올 것인지 예고한다는 것을 알려준다. 그래서 아이를 가지려는 여인은 장차 자신에게 올 아이가 들려주는 소리를 듣고자 몸과 마음과 영혼을 정화하고 나무 밑으로 간다. 그곳에 앉아 가만히 아이가 들려주는 소리에 귀를 기울이는 것이다.

영적 교사들에 의하면, 아이의 탄생 과정은 영계靈界로부터 이 세상으로 오는 영혼의 여행이라고 한다. 아이들은 여행을 시작하기 전 자기가 원하는 부모를 선택한다. 그러고 보면, 앞서 말한 아프리카 여성은 어떤 아이가 자기에게 올 건지 알아보기 위해 나무 밑으로 간 것이라고 할 수 있다. 아이를 갖기 위한 마음의 준비와 정화도 필요하지만, 어떤 아이가 올 건지 안다면 당연히 그 아이에게 맞추어 모든 것을 준비할 수 있기 때문이다.

아프리카인들의 영적 탐구에 대해서는 자세히 알려진 바가 거의 없다. 백인들이 그들의 민속을 기록해놓은 자료들은 있지만, 그것은 원주민들이 직접 들려준 이야기가 아니므로 신빙성이 낮다. 게다가 백인들은 이교도의 영적 생활에 대해서는 거의 관심이 없었다. 그들이 기록한 내용에는 대부분의 원시인, 또는 문명화되지 못한 야만인들이라는 폄하와 무시의 시각이 깔려 있다. 아프리카의 영적 지도자들이 백인들에게 그들의 영적 세계를 제대로 열어보였을 리 만무하다.

그 때문에 아프리카 하면 어둠의 대륙이라는 인상이 짙게 깔려 있었다. 하지만 북미 인디언들처럼 아프리카의 부족들 역시 꽤 높은 수준의 영적 경지에 이르렀던 것이 틀림없다. 오늘날 유럽과 미국의 박물관 창고에 수북이 쌓인 아프리카의 목각상들이 전해주는 영적 의미를 볼 때 특히 그렇다. 우리는 아프리카 서부의 가나, 아이버리 코스트, 토고의 세 나라에 걸쳐 있는 다가라족 출신의 말리도마 소메와 소본푸 소메 부부의 저서들을 통해 이것을 어느 정도 확인할 수 있다.[22]

다가라족에서는 여성이 임신한 지 몇 개월이 지나면 부족의 어르신들을 모시고 뱃속의 태아의 말을 듣는 아주 흥미로운 '듣기 의식'이 행해진다.[23]

사람이 태어난다는 것은 영이 육신을 받는 것이다. 탄생은 곧 새로운 영의 도착을 의미한다. 영들은 대개 우리가 아는 조상의 영들이다. 그 영들은 이 세상에 올 때 삶의 목적을 가지고 온다.

그렇다면 영들이 이 세상에 올 때 가지고 온 목적을 어떻게 아나? 여인들이 임신한 후 몇 개월이 지나면 어르신들은 태어날 아이(영)가 이 세상에 가지고 온 목적을 알기 위해 '듣기 의례'를 한다. 이 의례를 행하는 날이 되면, 사람들은 모두 침묵을 하며 이 의식이 끝날 때까지 입을 꼭 다문다. 유일한 소통의 수단은 손짓,

22) 최근 우리말로 번역된 말리도마 소메의 저서 《아프리카에서 온 메신저, 말리도마(Of Water and the Spirit)》(1994)와 아직 번역되지 않은 《The Ritual》(1993), 《The Healing Wisdom of Africa》(1998), 그리고 소폰부 소메의 《The Spirit of Intimacy》(1997), 《Welcome Spirit Home》(1999) 등이 그것이다.
23) Sobonfu Some, *The Spirit of Intimacy*, 1997, p.56f; *Welcoming Spirit Home*, 1999, p.54ff; Malidoma Some, *Of Water and the Spirit*, 1994, p.20.

잃어버린 지혜, 듣기

발짓의 신체언어body language뿐이다. 먼동이 트기 전에 네 여인이 임신한 여인을 깨운다. 그녀가 눈을 뜨면 그녀의 몸에 재를 바른다. (재는 불의 요소를 상징한다. 불은 조상들과 만날 수 있는 영적 능력과 신명을 고양시킨다.) 그런 다음 그녀를 가족의 신들을 모신 방으로 데려간다. 방은 이 의식을 위해 특별히 동굴 같은 – 어머니의 자궁을 상징하는 – 신당의 형태로 꾸며져 있다. 이 신당 주위에 부정이 끼지 않도록 재를 둥그렇게 뿌린다. 만일 임신한 여인이 겉옷을 입고 있으면 배가 나오도록 옷을 걷게 한다. 그런 다음 흙으로 만들어진 침상에 주의깊게 눕힌다. 침상 주위에는 다양한 종류의 돌들과 나무와 뼈, 그리고 물이 담긴 그릇들이 놓여 있다.

흙과 나무와 강과 산 그리고 돌멩이에 거주하는 조상들과 영들을 부르는 기도를 한 후, 그곳에 모인 모든 사람이 양손을 뻗어 그녀를 축복한다. 감추어진 신비가 열리도록 부드럽게 북을 두드리는 소리가 나고, 사람들은 북소리에 맞추어 '신비의 문을 열기'란 노래를 부른다. 북소리와 노래에 의해 이 세상과 영계가 만나게 된다. 이때 네 명의 문지기가 각각 네 방향에서 신성한 막대를 들고 서 있다. 남쪽에 서 있는 이는 붉은색 옷을, 서쪽에 서 있는 이는 흰색, 동쪽에 서 있는 이는 녹색, 북쪽에 서 있는 이는 검푸른 옷을 입고 있다. 다섯 번째 문지기는 여인으로부터 몇 걸음 떨어져 가운데에 서 있다. 다섯 문지기가 동시에 땅을 두드리며 그들의 방향이 열리기를 청한다. 임신한 여인의 친정어머니가 그녀의 오른쪽에 무릎을 꿇고 앉아 있고, 시어머니가 그녀의 왼편에 무릎을 꿇고 앉아 있다. 문지기들이 기도하는 동안, 친정어머니는 버터로 갠 숯가루를 산모의 횡격막 부분부터 치골이 있는 데까지 한 줄로 바른다. 그런 다음 이번에는 시어머니가 산모의 왼쪽 갈비뼈 부분에서 오른쪽 갈비뼈 부분까지 버터로 갠 숯가루를 한 줄로 바른다. 이때 두 숯가루선이 산모의 배꼽에서 만나도록 한다. 산모의 남자 형제가 부정한 기운을 내쫓는다. 그런 다음 남편의 여자 형제(아프리카에서는 아이의 '여자아버지'로 불린다)가 산모의 침상 발 쪽에 물그릇과 약초 잎다발을 들고 선다. 그것들은 산모의 눈을 흐리게 하고 방 안에 신성한 에너지가 차도록 돕는다.

노래가 점점 고조되면 산모는 엑스터시 상태에 들게 되고, 그녀는 몸을 뱃속의 아이에게 내어준다. 마침내 노래가 잦아들기 시작하면 어르신들은 무릎을 꿇고 아이가 어머니의 몸을 빌려 말할 때가 되었음을 확인한다. 뱃속의 아이와 만나는 긴 기도를 한 후, 마침내 어르신들은 아이에게 묻는다. "너는 누구냐? 왜 지금 이곳에 오려고 하니? 이곳에 와서 무슨 일을 하려고 하니? 이세계는 너무도 혼란하다. 너의 여정을 위해 우리가 무엇을 도와주었으면 좋겠니?" 그런 다음 주의를 기울여 듣는다. 그러면 아이는 어머니의 목소리를 빌어 대답한다. "저예요. 저는 누구누구의 할아버지(또는 할머니)예요. 조상들의 지혜를 지키기 위해 이 세상에 다시 오려고 해요." 또는 "이러저러한 것을 하기 위해 오려고 해요." 그러면 어르신들은 아이의 말에 따라서 그가 태어날 적절한 공간과 필요한 것들을 준비한다.

듣기 의례가 끝날 때쯤 어르신들은 아이가 이 세상에 와서 하고자 하는 일에 따라 그의 이름을 짓는데, 이름을 지은 다음 반드시 제대로 지어졌는지 점을 쳐서 확인한다. 왜냐하면 이름은 축복이 될 수도 있고 저주가 될 수도 있기 때문이다. 다가라 전통에서 어떤 이의 이름을 안다는 것은 그가 지닌 세상과의 연결코드를 아는 것과 같다. 그만큼 이름은 영적이다. 조상들이 지은 이름을 맞다고 하면, 아이가 태어날 때까지 비밀에 부쳐두고 공개하지 않는다. 산모는 듣기 의례가 끝난 후 제정신으로 돌아오는데 어떤 일이 있었는지 거의 기억하지 못한다.

생물학적으로 볼 때 태아는 아직 자기 몸이 완성되지 않은 존재다. 그런데 다 알아듣고 이렇게 말도 하는 것이다. 물론 위의 이야기는 영혼이 하는 이야기이긴 하다. 영혼을 갖고 있다는 것은 이미 하나의 생명체라는 것을 뜻한다. 비록 몸은 아직 불완전한 생성 단계에 있지만 소통은 가능한 것이다.

아이는 5, 6세가 될 때까지 어느 정도 전생을 기억하고 있으며 그때가 지나면 그 기억은 희미해진다고 한다. 태아일 때 어르신들에게 들려주었던 이야기들은 나중에 성년식 때 일련의 의식을 통해 다시 기억해내게 된다. 성년식을 마친 후에는 자신이 본래 이 세상에 와서 하고자 했던 일을 하며 살아가게 된다. 이것은 북미 인디언 소년들이 신명탐구를 마친 뒤 그들의 신명대로 살아가는 이야기와 같다. 아마도 신명의 문화를 가진 거의 모든 원주민이 그와 같았을 것이다.

다가라족은 다른 원주민들과 마찬가지로 아이가 오게 되면 조상님이 오셨다고 생각한다. 그래서 특히 할아버지, 할머니들이 아이들에게 많은 관심을 갖는다. 할아버지, 할머니는 머지않아 영계로 갈 사람들이다. 반대로 아이는 이제 막 영계에서 온 사람이다. 그러므로 할아버지, 할머니들은 아이들로부터 영계의 소식을 듣기를 원한다. 그래서 아이들에게 이런저런 질문을 던지는데, 아이들은 자기가 하는 말이 무슨 말인지 모르면서 이런저런 이야기를 들려준다고 한다. 그러면 노인들은 지금 영계에서 어떤 일이 일어나고 있는지 추측한다. 아이들은 노인들의 사랑과 보호 속에서 점차 이 세상에 적응하게 된다. 이렇게 노인과 아이들은 보이지 않는 끈으로 연결되어 있다.

노인들은 마을에서 존경받는 어르신이므로 다른 사람들이 그의 방에 접근하는 것은 매우 조심스럽고 어려울 수밖에 없다. 그러나 아이들은 마치 친구의 방에 드나들 듯 스스럼없이 드나든다. 노인들은 아이들이 노인의 소중한 물건들을 만져도 나무라지 않는다. 대신 노인들은 여러 가지 그들이 알고 있는 이야기나 신화 등을 들려준다. 이 경우 노인과 아이들의 관계는 워낙 친밀해 연애하는 것처럼 보인다고 한다.

아이들과 노인들의 이런 관계는 북미 인디언이나 원주민 사회에서 거의 유사하게 나타나는데, 특별히 다가라족은 아이들과 노인들의 이런 유대관계를 더욱더 깊게 하기 위해 연례적으로 다음과 같은 의례를 한다. 노인들이 한 줄로 앉아 있고, 약 180미터쯤 떨어진 곳에 아이들이 한 줄로 앉는다. 각각의 노인들은 적어도 한 아이와 짝을 이루어야 한다. 그리고 그들은 함께 조상들을 찬양하는 노래를 부른다.

푸오라 사안 미네
푸오라 사안 미네
푸오라 사안 미네 오오오오~
푸오라 사안 미네 유유유~ 아아아아~
푸오라 마아 미네
푸오아 마아 미네
푸오라 마아 미네 오오오오~

어린아이들은 전생을 기억한다

푸오라 마아 미네 유유유~ 아아아아~

사안 미네는 남자 조상을, 마아 미네는 여자 조상을 가리킨다. 노래하는 동안, 아이들은 노인들을 향해 걸어가기 시작한다. 노래가 절정에 오를 즈음 아이들은 달리기 시작한다. 노래의 마지막 후음인 '아아아아~'를 부를 때쯤 노인들의 무릎에 덥석 안긴다.

이런 과정을 노인들과 아이들은 짝을 바꾸어 몇 번이고 반복한다. 그런가 하면 일 년 내내 노인들과 아이들은 '등 맞대기back bonding'라는 의례를 행한다. 하는 방법은 이렇다. 먼저 노인과 아이가 등을 맞대고 앉는다. 대개 할머니는 소녀와 할아버지는 손자와 등을 맞대고 앉는다. 그런 다음 그들의 척추뼈를 튀어나오게 해 서로 비빈다. 그렇게 필요한 만큼 오랫동안 등을 맞대고 앉아서 명상을 한다. 때때로 그들은 노래를 부르기도 하고, 서로 이야기를 들려주기도 한다. 다가라족에서 뼈는 기억을 나타낸다. 뼈는 그들 속에 이야기를 실어 나른다고 믿기 때문이다. 그렇게 그들은 뼈를 맞대고 서로 귀를 기울여 듣는다.

그것은 마치 하나의 컴퓨터에서 다른 컴퓨터로 정보를 전송하는 것과 같다고 한다. 소본푸 소메에 의하면 이것은 보기보다 어렵다고 한다. 하지만 자꾸 해보고 연습하는 동안 뼈를 통해 깊은 대화를 나눌 수 있다. 그것은 말로는 표현할 수 없는 깊은 행복을 실어 나른다

잃어버린 지혜, 듣기

고 한다.

한편 소본푸 소메는 아이들에게 이야기를 들려주고 듣기를 가르치는 것도 중요하지만, 그에 못지않게 아이들의 말을 들어주는 게 중요하다고 말한다. 아이들은 끊임없이 표현하려는 욕구를 가지고 있는데, 현대사회는 아이들에게 새로운 지식을 강요할 뿐 그들의 말을 들어주지 않기 때문이다. 소본푸 소메의 말을 들어보자.

아이들은 목소리와 귀를 기울여 들어주는 귀를 필요로 한다. 우리 다가라 마을에서 모든 사람은 그대의 아버지나 어머니이기 때문에 마을 사람 누구에게나 어리광을 부려도 괜찮다. 많은 사람이 아이의 아버지일 때, 아이는 그게 누구이든 그의 옆에 가서 말을 하는 것이 가능하다. 마을 사람들은 아이들의 삶에서 어떤 일들이 일어나는지 안다. 그들에게 비밀은 없다. 마을은 그들의 귀가 되어주고 그들의 목소리를 들어주며 그들이 진실을 말하도록 격려하기 위해 늘 그곳에 있다.

만약 아이들에게 배출구가 없으면 다시 말해, 그들의 이야기를 들어줄 사람이 없으면 그들은 입을 꾹 다물게 되고 그들의 재능마저 썩어버릴 수 있다. 우리가 아이들로 하여금 말을 하고, 그들의 가슴을 열도록 격려하지 않는다면 그들은 자신의 목소리를 발산할 다른 방법을 찾을 것이고, 이 에너지는 그들을 파괴할 것이다. 아이들은 말함으로써 자유로워진다. 그들 내부의 독소를 방출하고 새로운 에너지가 들어오게 한다. 그러나 그들이 말하지 않으면 생각과 감정, 경험은 내부에만 고이게 되고 삶을 오염시킨다.

내가 처음 미국에 왔을 때 나는 이것을 뼈저리게 경험했다. 나는 말을 하는 대신에 그들을 내 안에 지니고 있어야 했다. 나의 마을에서 사람들은 내 이야기를 들어주었고, 내가 말하고 싶을 때는 언제든 상대를 찾을 수 있었다. 내가 낯선 이국땅에 오자 이야기를 나눌 사람도 없는 데다, 설상가상으로 당시는 내가 영어를 할 수 없었으므로 모든 대화를 남편의 통역에 의존해야만 했다. 나는 더욱 움츠러들었고 사람들을 만나는 것이 두려웠다. 나는 선택의 여지가 없었고, 내 본성과 맞지 않았음에도 불구하고 하고 싶은 말들을 내 안에 쌓아둘 수밖에 없었다.

처음에는 나 자신도 그런 사실들을 알아차리지 못했다. 나는 서서히 고통스럽게 죽어가고 있었다. 그러던 어느 날 나는 아주 사소한 것들조차 내 안에서 폭발하려 하고 있음을 알아차렸다. 그도 그럴 것이 그들은 내 안에 갇혀 있었고 독으로 변해가고 있었다. 시간이 얼마간 흐른 뒤에야 나는 나 자신을 표현하는 새로운 방법을 발견했고, 대화를 나눌 사람들도 찾게 되었다. 그리고 영어란 새로운 언어를 배우면서 그것의 놀라운 힘을 알게 되었

잃어버린 지혜, 듣기

다. 나는 점점 내가 가고 싶은 곳마다 작은 공동체를 만들었으며, 다가라 마을에서 내 영혼이 죽지 않도록 했던 것처럼 사람들과 함께 노래하는 법도 알게 되었다. 내 말을 들어주는 귀를 갖게 되자 믿을 수 없는 평화가 찾아왔다. 말하는 사람이나 듣는 사람 모두에게.

우리는 그와 똑같은 일을 아이들에게도 해줘야 한다. 인내심을 갖고 그들의 말을 들어야 하며 그들의 말을 판단하지 않아야 한다. 부정적인 에너지를 털어버리도록 도와주고 그들의 가슴과 영혼을 쓰레기를 쌓아두는 곳으로 만들지 않도록 격려해야 한다. 그렇게 하면 스스로 목소리를 찾을 수 있고, 훗날 감정적인 폭탄이 그들을 날려버린 뒤에야 인생의 의미를 되짚어보는 일은 없을 것이다. 노래하고 춤추고 음악을 연주하는 일은 아이의 영혼과 목소리를 해방하는 굉장히 좋은 방법이다. 그러나 무엇보다 중요한 것은 당신의 아이가 말할 수 있도록 귀를 기울여주고 격려하는 것이다.

그런데 아이들은 그들의 경험을 나누는 것만으로는 충분치 않다. 부모들이 그들의 이야기를 들어줄 때도 마찬가지다. 제대로 치료가 이루어지기 위해서는 관계된 모든 사람이 노력해야만 한다. 이것이 바로 공동체가 의미하는 것이다. 선의로 뭉쳐진 공동체의 '통합된 관여'만이 촘촘한 관계의 그물망을 짜는 것을 가능하게 한다. 이런 관계망을 통해 아이들의 세계관과 지식은 확장된다. 그때 비로소 우리는 알게 된다. 공동체를 만드는 것은 결국 아이들을 돕는 길이라는 것을. 아이들은 어른들의 지지를 받고 사랑받고 격려받는다는 사실을 알게 되면서 편안함을 느낀다는 것을. 이것이 다가라 마을의 아이들이 공동체 안에서 그 무엇도 대신할 수 없는 공동체의 가치와 소중함을 배우는 방법이다.

다가라족 사람은 아이들을 이 세상에 선물을 주고, 우리의 선의와 관용과 진실을 시험하기 위해 이곳에 오는 영혼으로 여긴다. 그런 아이에게 잘 대해준다고 해서 우리가 잃을 것이 무엇이 있겠는가? 나는 오히려 그것을 통해서 우리가 얻는 것이 훨씬 더 크다고 믿는다. 어떤 경우든 그들의 영혼을 다치지 않게 하고, 그들의 상상력을 죽이지 않도록 하는 것이 중요하다. 왜냐하면 우리 아이들의 목소리와 창조성을 격려하는 것이야말로 우리 아이들을 꽃피게 하는 것이기 때문이다.

아이들은 온갖 종류의 선함과 광기가 담겨 있는 상자와 같다. 그들의 선함이 나타나게 하기 위해서 우리는 때때로 저 소용돌이치는 미치광이의 광기의 늪을 통과해야 한다. 광기를 변화시켜 아름다운 영혼으로 꽃피게 하는 것은 어른들, 특히 존경받는 어르신들의 존재와 그들의 인도다. 우리는 아이들에게 부정적인 에너지를 심거나 그들을 협박하지 않도록, 또 그들의 목소리와 상상력의 창조성을 숨죽이게 하지 않도록 주의해야 한다.

나는 할머니가 우리에게 마을 의례를 함께 준비하자고 하셨던 일을 기억한다. 그녀는 오직 의례의 목적과 의도만을 설명해주셨다. 나머지 일들은 모두 우리가 알아서 하도록 맡기셨다. 때때로 우리는 기적과 같은 것을 해내곤 했다. 물론 늘 그런 것은 아니지만. 할머니는 우리가 하는 일에 관여하지 않으셨고, 좋지 않다느니 또는 뭐가 잘못됐다느니 하는 말씀도 전혀 하지 않으셨다. 대신 할머니는 잘한다, 참 좋다는 말씀만 하셨으며 다음에 우리가 다시 의례를 준비할 때 고려해야 할 점들에 대해서만 말씀하셨다. 다시 의례를 준비한다면 어떤 점을 바꾸었으면 하는지, 또는 어떤 요소를 더 추가하면 좋을지 말씀하셨다.

아이들과 이런 식으로 일할 때, 우리는 아이들이 어떤 재능들을 가졌는지 알게 된다. 그들과 함께 시간을 보내고 그들의 창조성이 샘솟도록 격려할 때, 각자의 재능들 – 다른 누구도 갖지 않은 – 이 꽃필 수 있도록 도울 수 있다. 우리가 아이들의 재능을 알아봐줄 때 아이들은 그대로 피어난다. 재능은 정체성의 일부이며, 삶의 목적 또한 그것을 통해서 나타난다.

아이들에게 자신을 표현하도록 하는 것. 그들의 말을 듣고, 창조하게 돕는 것이야말로 영혼을 축복하고 우리와 다른 차원에 속하는 그들의 세계를 열도록 격려하는 것이다. 아이들의 목소

리로 그들의 영혼을 표현하게 하고, 그들을 감싸주어라. 그리고
그들이 이 세상에 올 때 가지고 온 선물들을 펼치게 해주어라.24)

소본푸 소메는 우리가 듣기에서 자칫 놓칠 수 있는 중요한 포인
트를 지적한다. 아이들에게 '들으라'고만 할 것이 아니라 어른들이
아이들의 귀를 열어주는 게 보다 중요하다는 것을 말이다. 어른들
이 아이들의 말을 들어주는 것만으로도 그들의 귀가 열린다면 그것
이야말로 아이들을 '선함'에로 이끌고 그들의 영혼을 피어나게 하는
일이다.

그러고 보면 원주민 사회, 즉 영적인 문화를 들고 있는 전통 사회
에서는 거의 하나같이 듣기를 중요시했던 것을 알 수 있다. 에스키
모 샤만들이 이글루에 들어가 문을 틀어막고 석 달씩 앉아 수련하는
것이나 호주 원주민들이 조상들의 소리를 찾아 이동하는 것도 모두
같은 목적을 갖고 있다.

숨결

존재하는 것들보다는 네 주위의 물건들에 좀 더 귀를 기울여라.

---

24) Sobonfu Some, *The Spirit of Intimacy*, 1999, pp.92-97.

존재하는 것들보다는 네 주위의 물건들에 좀 더 귀를 기울여라.

불꽃이 내는 소리는 조상들의 숨결이다.

물이 내는 소리는 조상들의 숨결이다.

죽은 자들은 결코 우리들 곁을 떠난 것이 아니다.

죽은 자들은 땅속에 있는 게 아니다.

그들은 부스럭거리는 나무들 속에 있고

속삭이는 숲속에 있으며

아우성치는 풀 속에 있다.

그리고 칭얼대는 바위들 속에 있다.

그들은 땅속에 있는 게 아니다…… 그렇다……

존재하는 것들보다 네 주위의 물건들에 좀 더 귀를 기울여라.

존재하는 것들보다 네 주위의 물건들에 좀 더 귀를 기울여라.

불꽃이 내는 소리는 조상들의 숨결이다.

물이 내는 소리는 조상들의 숨결이다.

죽은 자는 결코 우리들 곁을 떠난 것이 아니다.

죽은 자는 살아 있는 것들 속에 있다.

그들은 어머니의 가슴에 있으며

칭얼대는 아이 속에 있으며
집에서 우리와 함께 있다.
군중 속에서 우리와 함께 있다.
죽은 자는 살아있는 것들 속에 있다…… 그렇다……

존재하는 것들보다 네 주위의 물건들에 좀 더 귀를 기울여라.
존재하는 것들보다 네 주위의 물건들에 좀 더 귀를 기울여라.
불꽃이 내는 소리는 조상들의 숨결이다.
물이 내는 소리는 조상들의 숨결이다.

– 비라고 디옵

잃어버린 지혜, 듣기

집착으로부터
자유로운 듣기
초기 불교의 듣기

대승불교의 보살 중에 관음보살(또는 관세음보살)이 있다. 이 관음보살은 아미타불의 오른쪽 눈의 광채로부터 태어난 보살로 알려졌다. 이 보살은 태어나자마자 '옴 마니 밧메훔'이라고 외쳤다고 한다.

이 관음보살의 위신력은 대단해서 어떤 이가 그의 이름을 부르거나 '옴 마니 밧메훔'하고 그의 만트라를 외면 음성을 듣고 달려와 그를 험지에서 구해준다고 한다. 관음보살이란 이름도 '말과 소리를 관하는' 보살이란 뜻이다. '관觀한다'는 말은 본래 바라본다는 말이나 여기서는 마음으로 듣는다는 뜻이다. 법화경《관세음보살보문품》에는 다음과 같이 그의 위력을 적고 있다.

만일 어떤 이가 관세음보살의 이름을 받들면 그는 큰불에 들어가더라도 불이 그를 태우지 못할 것이며, 혹 큰물에 떠내려가더라도 그 이름을 부르면 곧 얕은 곳에 이르게 된다. 보배를 구하려고 바다에 들어갔을 때 폭풍이 일어 배가 악귀들의 나라에 가닿게 되었을지라도 그로부터 풀려나며, 또 어떤 사람이 해를 입게 되었을지라도 그 이름을 부르면 그를 해하려는 자가 가진 칼이나 막대기가 산산조각 부서져 능히 벗어날 수 있다. 어떤 사람이 죄가 있거나 없거나 간에 수갑과 쇠고랑으로 묶였을지라도 그 이름을 부르면 그것들이 다 끊어지고 풀어질 것이다.

음욕이 많더라도 관세음보살을 항상 생각하고 공경하면 곧 음욕을 여읠 것이며, 혹 성내는 마음이 많더라도 관세음보살을 생각하고 공경하며 곧 그 마음을 여읠 것이다. 어리석음이 많더라도 관세음보살을 항상 생각하고 공경하면 곧 그 어리석음을 여읠 것이다. 만일 어떤 여인이 아들 낳기를 원하여 관세음보살을 예불하고 공경하면 복덕과 지혜가 있는 아들을 낳을 것이고, 딸을 낳기를 원한다면 단정하고 아름다운 딸을 낳게 될 것이다……

《수능엄경(또는 능엄경)》 수도분에는 어느 날 부처님이 문수보살을 시켜 이른바 깨달음에 이른 제자들에게 각기 어떤 방편을 통해

잃어버린 지혜, 듣기

깨달음에 이르렀는지를 말하는 이야기가 나온다. 제자들에 의해 모두 스물다섯 가지의 깨달음의 길이 제시되는데, 관음보살은 자신의 차례가 오자 자신은 "듣기를 통해 깨우쳤노라"고 말한다. 그리고 깨달음을 얻게 된 과정을 이렇게 말한다.

세존이시여! 제가 아득한 옛날의 일을 기억해볼 때 어떤 부처님이 세상에 출현하셨으니 그 이름이 관세음이셨습니다. 저는 그 부처님으로 인하여 보리심을 내게 되었는데, 그 부처님께서 제게 "듣고 생각하고 실천하는 것으로부터 삼매에 들어가라"고 가르치셨습니다.

처음에 듣는 가운데 깊이 관조하며 대상에 얽매이지 않고 고요한 경지에 들어가자 시끄러움과 고요함의 두 현상이 전혀 일어나지 않았습니다. 이같이 점점 정진하는 동안 듣는 주체와 들을 대상이 사라졌습니다. 들음이 다하였지만 다시 듣는 데서 머물지 않고 계속 정진하자 깨달음과 깨달음의 대상이 사라지고, 생멸生滅에 대한 알아차림마저 다 사라지니, 마침내 해탈에 이르렀습니다.

이렇게 듣기를 통해 마침내 관음보살은 위로는 부처님의 신묘한 자비의 힘을 얻게 되고, 아래로는 육도 중생의 마음과 하나 되어 그들의 슬픔과 갈망을 그대로 느끼게 되었다. 그뿐만 아니라 자신을 부르는 이가 있는 곳이면 어디든지 서른 개의 다른 모습으로 나타나 그들을 구원해줄 수 있게 되었다.

관음보살의 이야기가 들어 있는 《수능엄경》은 사실상 듣기를 통해 깨우침을 얻은 관음보살의 가르침을 주기 위한 경전이라고 해도 과언이 아니다. 그의 이야기를 다 듣고 난 문수보살은 부처님을 대신하여 이렇게 말한다.

듣기는 수많은 부처가 열반의 문에 도달한 길이다. 과거의 모든 여래도 이 문으로 성취하셨고 현재의 모든 보살도 이 문으로 들어가 깨달았으며 미래에 수행할 사람 또한 응당 이로 인해 깨달을 것이니, 나 또한 그 가운데서 깨달았느니라……

그런 다음 문수보살은 다시 말한다. 사람들이 '듣는 자신의 일체의 마음'을 듣는다면反聞聞自性 최상의 도에 이를 것이라고. 여기서 일체의 마음을 듣는다는 것은 소리 너머에 있는 마음을 듣고 보고 맛보고 느낄 수 있어야 한다는 것을 뜻한다.

우리 몸의 여섯 개의 감각기관(육근六根 : 불교에서는 눈, 귀, 코, 입, 피부의 오감五感외에 의식도 감각기관의 하나로 여기는데, 의식이 머리에 떠오르는 생각들을 지각하기 때문이다)가운데 왜 하필이면 듣기인가? 부처님

잃어버린 지혜, 듣기

은 이 경의 앞부분에서 시각, 청각, 후각, 미각, 촉각 그리고 마음의 육근은 다 제각각인 듯하지만, 하나로 연결되어 있으며 이 가운데 하나를 통하게 되면 나머지도 모두 밝게 드러나 스스로 청정하게 된 다고 말한다. 그러므로 원리로 말하면 어느 감각을 통해서도 해탈에 이를 수 있다. 그런데도 육근 가운데 굳이 듣기가 깨달음에 가장 이 르기 쉬운 길이라고 하는 이유는 귀가 우리의 집착으로부터 가장 자 유롭기 때문이라고 한다.

한편 《반야심경》이라고 하면 부처의 '공空' 사상을 대표하는 경 전이다. 이 경전에서 관음보살은 듣기를 통해 소리처럼 그 모든 감 각 대상이 생生 하는 것도 없고 멸하는 것도 없음을, 더러워짐도 없 고 깨끗해짐도 없음을, 늘어나는 것도 없고 줄어드는 것도 없음을 보았다.

그리하여 관음보살은 '듣는 것'을 통해 마침내 우리의 여섯 개의 감각기관(눈, 귀, 코, 혀, 몸, 의식)과 여섯 개의 감각 대상(형상, 소리, 향, 맛, 접촉, 생각), 그리고 여섯 개의 감각과 관계된 의식까지, 총 18개 일체의 감각 영역이 모두 공空하다는 것을 깨닫는 데에 이른다.

물론 그렇다고 우리가 눈에 보이는 현상들이 사라지는 것은 아 니다. 그러나 우리가 보는 현상이 이렇게 공하다는 것을 깨닫고 나 면 그것은 허망한 현상이 아니라 진실을 드러내게 된다. 이것은 마 치 한 송이 꽃을 바라볼 때와 같다. 햇빛, 비, 흙 등 천지 만물이 있음으로써 그 꽃이 있을 수 있다는 것을 깨닫고 나서 다시 꽃을 바라볼 때 그 의미가 달라지듯이. 그런데 그의 깨달음은 여기서 그치지 않는다. 그는 말한다.

"눈에 보이는 세계도 없고 생각의 세계 또한 없다. 맹목적인 본능도 없고 맹목적인 본능이 없어지는 것도 없다. 또 늙어 죽음의 고통도 없고 늙어 죽음의 고통이 사라짐도 없다. 고통도 없고 고통의 원인인 탐욕과 애정도 없다. 고뇌로부터의 구원도 없고, 그를 위한 수행 또한 없다. 안다는 것도 없고, 얻었다는 것도 없다. 보살들은 이같은 완전하고 철저한 예지에 의해서 마음속에 아무런 거리낌이 없다. 거리낌이 없으므로 공포도 없다. 공포가 없으므로 모든 혼미한 삿된 상념으로부터 구제되어 영원히 청정한 경지를 얻을 수 있다. 삼세의 모든 부처님도 이 위대한 예지에 의해서 그 존엄한 아뇩다라삼먁삼보리를 자각할 수 있었다."

이것이 그 유명한 《반야심경》의 내용이다. 우리 몸, 의식, 느낌, 심상, 의지가 모두 공하다는 것을 깨달음으로써 영원한 것은 없다는 것을, 모든 것은 끊임없이 변한다는 것을, 궁극적으로 '나'라는 실체란 없다는 것을 알게 된다. 이로부터 나의 참모습이 무엇인지 깨닫게 된다는 것이다. 이렇게 관음보살은 듣기를 통해 부처님이 깨달은 최고의 지혜에 도달했다.

여기서 우리는 초기불교에서 깨달음에 이르는 길로 듣기가 얼마나 중요했는가를 알 수 있다. 대승불교에서는 이러한 듣기의 중요성을 관음보살을 통해서 표현한 것이라고 할 수 있다. 이 보살은 나란다 대학이 절정에 있던 몇 세기 동안 인도에서 널리 숭배되었으며, 7세기에는 티벳에 전해지게 된다. 티벳에서도 관음보살은 대중적으로 큰 영향을 끼친다. 그러나 전통적으로 어머니 대지에 대한 관념을 갖고 있던 티벳인들은 남성신인 관음보살보다는 관음보살의 신격을 가진 타라 여신에게 더 끌리게 된다.

타라 여신은 그녀의 이름을 애타게 부르는 곳이면 21개의 다른 모습으로 어디든 달려갔을 뿐 아니라 사람들이 세속의 환상으로부터 벗어나도록 도와주었다고 한다. 이후 티벳에서 타라 여신은 모든 신들의 어머니로 그 지위가 더욱 높아지게 된다. 이후 동아시아의 관음보살은 티벳의 타라 여신의 영향을 받아 점차 여성으로 형상화되기 시작하며, 12세기가 되면 중국과 한국, 일본의 모든 관음보살이 여성으로 표현된다.

아마도 동양인들에게는 자비의 상징인 관음보살이 남성보다는 여성으로 형상화되는 것이 더 자연스러웠기 때문이었을 것이다. 또 여러 개의 팔과 여러 개의 머리를 가진 인도의 관음보살의 모습보다는 우리와 똑같은 모습의 자비로운 여신의 모습이 동양인들에게 훨씬 더 편안하게 느껴졌을 것이다.

오랫동안 티벳에서 수행한 서양승 라마 고빈다의 《흰 구름의

길》에는 이 타라 여신과 관련된 다음과 같은 아름다운 이야기가 실려 있다.[25]

　서티벳의 고대 수도였던 차타랑의 붉은 사원은 폐허나 다름없는 쇠락한 사원이다. 이곳에서 어느 날 땅이 울리는가 싶더니 놀라운 일이 일어났다. 먼지로 뒤덮인 타라 여신상 곁에 꽃 한 송이가 피어 있었다. 그 꽃에 머물던 영靈이 모든 게 쇠락해가는 사원을 바라보며 두려움에 몸을 떨었다. 마침내 그녀는 손뼉을 마주쳐 잠자는 신을 깨우고는 타라 여신에게 간절한 마음으로 기도했다.
　"모든 부처들의 어머니, 고통받는 모든 자의 어머니이자 구원자이신 타라 여신이시여, 우리를 멸망으로부터 구하소서. 이 신성한 사원을 파괴로부터 건지소서."
　문득 잠에서 깨어난 타라 여신은 자비로운 눈으로 목소리가 들려오는 곳을 바라보며 물었다.
　"너는 누구지?"
　"저는 당신 곁에 피어 있는 꽃의 영입니다. 또한 아름다움, 미美의 영이기도 합니다."

25) Lama Anagarika Govinda, *The Way of the White Clouds*, 1974, p.4ff.

　　　　　　　　　　　　　　　　　　　잃어버린 지혜, 듣기

타라 여신은 어머니 같은 자애로운 미소를 지으며 말했다.

"부처님도 말씀하셨듯이 그대는 이 세계의 모든 것들이 새벽별이나 시냇물 위의 거품처럼, 그리고 태풍 앞의 위태로운 등잔불이나 한밤의 꿈처럼 덧없다는 것을 알게 될 것이다."

꽃의 영 눈에 눈물이 맺혔다.

"오, 그렇지만 타라 여신이시여. 비록 눈 깜짝할 사이에 사라지고 말 운명일지언정 그들 속에는 아름다움이 있습니다. 또한 우리들 속에도 영원한 빛의 조각이 있습니다."

꽃의 영은 이 말을 하고 부처님 조각 앞에 무릎을 꿇었다. 그러자 돌덩이 같던 부처님의 조각이 살아났다. 꽃의 영이 말을 이었다.

"제가 도움을 청하는 것은 저를 위해서가 아닙니다. 저는 압니다. 이 세상의 모든 것은 덧없이 사라지고 변한다는 것을. 심지어 부처님의 말씀조차도 말입니다. 하지만 간절한 마음으로 기도드립니다. 그들이 자신들에게 주어진 임무와 일을 다 끝마칠 때까지 사라지지 않게 하소서! 그들의 가슴에 담긴 위대한 메시지를 세상에 다 전할 때까지 기다려주소서. 그리하여 그들이 이 세상에 온 목적과 임무를 완수할 수 있도록. 타라 여신이시여, 사람들 가운데는 아직도 그들의 목적을 깨닫지 못한 자들이 많습니다. 그들이 세상에 온 것은 모든 생명에게 도움이 되기 위해서라는 것을 깨닫게 하소서. 부디 그들에게 자비를 베푸소서."

그러자 마침내 타라 여신이 손을 들어 축복을 내렸다. 부처님도 자비로운 미소로 응답하셨다.

"꽃의 영이 참으로 진실을 말했구나. 너의 말대로 아름다움이야말로 가장 위대한 진리의 전달자다. 눈에 보이는 것이든, 귀에 들리는 것이든, 물질적인 것이든, 정신적인 것이든 아름다움은 각 형태의 조화에서 온다. 비록 각각의 형태는 덧없지만, 그들이 이루는 조화는 영원한 것이며 진리의 가장 내밀한 법인 '다르마'에 속한다. 영원한 다르마의 가르침이라도 아름다움이 없다면 결코 사람들의 가슴을 감동시키지 못할 것이다.

이 사원은 언젠가 파괴될 것이다. 승려들이 각고의 노력으로 기록한 내 말들도 사라질 것이다. 그러나 그것을 본 사람들은 말과 행동으로 나의 가르침을 실어 나를 것이다. 너의 소원이 이루어지도록 허락할 것이다. 꽃의 영이여, 아름다움의 영이여! 그들의 메시지가 세상에 전해질 때까지, 그들의 신성한 목적이 다 이루어질 때까지 이 사원은 결코 파괴되지 않을 것이다."

나는 이 글을 읽을 때마다 뜨거운 감동의 눈물이 흐르는 것을 억누를 수가 없다. 아름다운 꽃의 간절한 청원에 신조차 감동하여 세상을 파괴하는 것을 멈출 수밖에 없었다는 메시지를 담고 있기 때문이다.

'차타랑'이란 도시가 세상을 가리킨다면 그곳의 붉은 사원은 자연 속의 인간 사회에 견주어진다. 붉은 사원의 갖가지 조각들은 바로 우리 인간에 해당한다. 그러므로 꽃의 영이 타라 여신에게 빈 것은 바로 우리 인간이 저마다 이 세상에 온 목적과 임무를 깨닫고, 신의 메시지를 이 세상의 모든 생명들에게 전할 때까지, 세상이 멸망하지 않게 해달라는 것이다. 그는 말한다.

> 모든 생명은 하나로 연결되어 있습니다. 하지만 사람들은 그것을 알지 못하고 있습니다. 생명 하나하나가 우주의 중심이며 주인임을 깨닫게 하소서. 그리하여 모든 생명을 내 몸처럼 소중히 하고 공경하게 하소서. 각각의 존재가 신의 신성한 빛을 지니고 있음을 알게 하소서. 그들이 이 세상에 올 때 저마다 가지고 온 목적과 임무를 깨닫게 하시고, 그것을 이루게 하소서. 그리하여 이 세상의 모든 존재와 조화를 이루면서 더불어 하나 되고 행복하게 살게 하소서.

라마 고빈다의 메시지는 분명하다. 우리가 사랑과 자비를 외칠 때, 그렇게 한 송이 꽃이 될 때 잠든 신조차 깨어나게 하고, 그의 얼음장 같은 마음도 움직이게 할 수 있다고. 생태적 위기에 직면한 이

지구를 구할 수 있다고. 전쟁과 폭력으로 찌든 이 세상에 평화를 가져올 수 있다고…….

석가모니 부처가 깨달음을 얻고 일상으로 돌아와 처음으로 말한 것은 수행 중 들은 소리에 대한 것이었다고 한다. 부처는 우주를 관통해서 흐르는 영원한 소리를 '불멸의 북amata-dundubhin'이라고 불렀다.26) 흥미롭게도 그것은 북미 인디언들이 말하는 어머니 대지의 심장 박동 소리와 닮았다. 북미 인디언들 역시 그것을 종종 북소리로 표현하기 때문이다. 아마도 부처는 깊은 침묵과 명상 중에 자신의 심장의 박동 소리 뒤에서 들려오는 저 불멸의 북소리를 들었을 것이다.

인도에서는 귀로 듣는 소리를 '아하타ahata'라고 하고, 귀로 들을 수 없는 내면의 소리를 '아나하타anahata'라고 한다. 후자는 오직 깊은 명상을 통해서만 들을 수 있다고 한다. 인도 음악에서 소리는 연주된 음과 연주되지 않은 음으로 나눈다. 전자는 아하타 나다ahata nada이고 후자는 아나하타 나다anahata nada다. 이때 연주된 음보다는 연주되지 않은 음이 더 중요하게 여겨진다.

연주되지 않은 소리 아나하타는 침묵, 또는 소리 너머의 소리, 우

---

26) Berendt, *The World is Sound: Nada Brahma*, 1983, p.171; Govinda, 앞의 책, p.31.

잃어버린 지혜, 듣기

주의 소리를 뜻한다. 수피교도는 이 공간의 소리를 '자트^{Zat}'라고 하는데, 침묵하고 묵상하는 삶을 뜻한다. 불교에서는 이것을 '수냐타^{sunnyata}'라고 하는데, 빈 허공$^{空, the void}$을 뜻한다. 힌두교에서는 이것을 '나다 브라마$^{Nada Brama}$'라고 한다. 그런가 하면 쿤달리니나 샤크티 요가에서는 가슴 차크라를 가리킨다. 이런 이유로 그들은 아나하타 나다를 듣기 위해서는 '가슴의 귀'로 듣지 않으면 안 된다고 말한다.[27]

우파니샤드는 "귀가 길이다"라고 말한다. 물론 같은 경전에선 빛과 눈에 대해서도 빈번하게 말하고 있다. 하지만 언제나 다시 돌아와 '귀가 길'임을 강조한다.[28] 이것은 위의 《수능엄경》에서 깨달음에 이르는 방편으로 듣기를 강조한 것과 정확히 일치한다. 또한 듣기의 중요성에 대해 불교가 태동하기 전부터 인도인들이 인식하고 있었음을 시사한다. 어쩌면 관음보살은 인도 듣기의 길을 인격화하고 그것을 존재론화한 것인지도 모른다. 그래서 요기(요가를 하는 수행승)처럼 고요히 앉아 수행할 수 없는 대중들이 어려운 일에 부딪히거나 마음이 혼란스러울 때 조용히 마음을 모아 관음보살의 이름을 정성껏 부르면 자기도 모르게 존재의 문이 열리게 된다는 것을 가르치고 있다.

---

27) Russill Paul, *The Yoga of Sound*, 2004, p.123f.
28) Berendt, *The Third Ear: On Listening to the World*, 1988, p.26.

기도는 신의 음성을
듣는 일
성경의 듣기

모든 종교와 영적 전통은 예외 없이 '듣기'에 대해 말하고 있다. 성경의 예를 보면 구약에서만 1000번 이상, 신약에서 425번 이상 듣기와 관계된 말이 나온다. 구약의 경우, 특히 모세 5경과 예레미아서에 듣기와 관계된 말이 많이 나오는데, 신의 말씀을 들으라는 이야기가 수없이 반복된다. 시내산에서 모세에게 십계명을 준 뒤 신은 모세에게 몇 번이고 거듭해서 강조한다. 내 말에 귀를 기울이지 않을 때, 내 명령을 듣지 않을 때, 나와의 언약을 지키지 않을 때, 이스라엘을 벌하고 심판하겠노라고. 그런가 하면 예레미아서에는 듣기와 관계된 말이 100번 가까이 나오는데, 신이 자신의 말에 귀를 기울이지 않는 이스라엘 백성에 대해 시종일관 분노하는 모습을 보여준다. 구약은 그렇게 신의 말을 들으라는 외침과 신에게 귀를 기울이지 않아 신이 분노하고 벌하는 이야기로 가득 차 있다.

　신약에 오면 약간 상황이 달라진다. 신은 더 이상 전면에 나서지 않는다. 예수가 신을 대신해서 말한다. 그런데 예수는 시종일관 "귀 있는 자는 들으라!"고 말한다.[29] 이것은 구약 시대에 신이 예언자나 꿈꾸는 자 등의 선지자를 통해서 자기의 말에 귀를 기울이라고 명령하던 것과는 다른 것이다. 예수는 우리의 내면에 직접 호소하고 있다.

　그런데 '귀 있는 자는 들으라'는 예수의 말씀들을 자세히 보면 행간에 또 다른 함축이 있음을 보게 된다. 성경의 이 대목들을 보자.

　　귀 있는 자는 들으라. 또 가라사대 너희가 듣는 것에 주의하라! 너희가 다른 사람을 판단하는 그것으로 신께서 너희들을 판단하실 것이니라. 듣는 자는 더 받을 것이니라. 있는 자에게는 더 많이 주어질 것이고, 없는 자는 있는 것마저 빼앗기리라(마가 4:23-25).

---

[29] 마태복음 11장 15절, 13장 9절, 43절; 마가복음 4장 9절, 23절, 7장 14절 등에 반복해서 나온다.

그리고 귀 있는 자는 들으라 하시니라. 제자들이 예수께 나아가 가로되 어찌하여 저희에게 비유로 말씀하시나이까? 대답하여 가라사대 천국의 비밀을 아는 것이 너희에게 허락되었으나 그들 (이방인들)에게는 허락되지 않았기 때문이니라. 누구든지 있는 자는 더 많이 받아 풍성해질 것이나 없는 자는 얼마 안 되지 않는 그 있는 것마저 빼앗기리라. 그러므로 내가 그들에게 비유로 말하느니, 그들은 보아도 보지 못하고 들어도 듣지 못하고 깨닫지 못하기 때문이니라(마태 13:9-13; 마가 4:9-13).

너희는 듣는 것에 주의하라. 누구든지 있는 자는 더 받겠고 없는 자는 그나마 있다고 생각되는 것마저 빼앗기리라(누가 8:18).

그러므로 "귀 있는 자는 들으라!"는 예수의 말은 단순히 자기가 하는 말에 귀 기울여 들으라는 것이 아니다. 만일 그랬다면 예수의 말에 귀를 기울여 들어도 안 들어도 그만일 것이다. 순전히 내 의지대로 하면 되기 때문이다. 그러나 예수는 말한다. 듣는 자에게는 더 주고, 듣지 않는 자에게서는 그 가진 것마저 빼앗아가리라고. 이 말은 듣지 않는 자는 신의 왕국에 살 자격이 없다는 말이나 다름없다. 아니, 신의 왕국에서 내치겠다는 의지가 담겨 있다고 해야 할 것이다. 마치 작물을 수확한 뒤 낟알만 거두고 빈 깍지들은 바람에 날려버리듯이.

따라서 듣지 않으면 가진 것마저 빼앗아가리라는 예수의 말은 사실상 경고의 외침이나 다를 바 없다. 그렇다면 신의 말씀에 귀를 기울인다는 것은 무엇을 뜻하는가? 그것은 신에게 귀의하고 신의 목소리에 귀 기울이며 그 말씀에 복종하는 것을 의미한다. 내 의지가 아니라 신의 뜻대로, 신이 인도하는 대로 사는 것이다. 신이 나의 삶을 인도하도록 신 앞에 나를 낮추고 순종하는 것이다.

고대인들에게나 현대인들에게 이것은 매우 어려워 보인다. 자신의 삶을 모두 신에게 헌신해야 하기 때문이다. 그런데 50여 년 동안 귀의 탐구에만 매달려온 알프레 토마티는 말한다. 신은 오직 '진실된 듣기'를 통해서만 만날 수 있다고. 그리고 복종 없이는 성취할 수 없다고. 그렇다면 복종이란 무엇인가? 영어의 'obedience'의 라틴어 어원은 'ob audire'이다. ob은 obey(복종하다)이고, audire는 listen(듣다)이다. 따라서 영어권에서 말하는 복종에는 귀를 기울여 듣는다는 의미가 함축되어 있다.

토마티는 말한다. "불행하게도 복종하는 것은 구속처럼 보인다. 인간은 복종하기를 원치 않는다. 복종하는 것은 자기를 던져 완전히 듣기에 몰입하는 것이다. 인간의 일은 신이 요구하는 일을 하는 것이다. 그리고 신이 요구하는 것은 무엇보다 그에게 복종하는 것이다. 바로 여기에 우리의 '나' – 그것은 거대하다 – 를 파괴하는 심리학적 내적 다이나믹이 있다. 그래서 모든 것은 복종과 함께 시작된다. 그것이야말로 완전한 듣기다."[30]

그는 다시 말한다. 생존을 위한 자아의 투쟁 속에서 일상적인 의식을 초월할 수 있는 능력을 잃어버린다고. 일상의 많은 요구와 관심들은 저 비상한 듣기 능력을 파괴한다고. 그러나 존재하기 위해, 신과 하나되고 신의 음성을 듣기 위해, 그리고 세포 수준에서의 생명의 다이나믹을 듣기 위해서는 우리들 자신에 대해 잊어버릴 필요가 있다고. 우리의 듣기를 방해하는 것은 에고라고. 그것은 마치 침묵의 사원을 천방지축으로 뛰어다니는 원숭이와 같다고……[31]

성경에 수없이 나오는 '들으라!'는 신의 외침은 결국 '세상의 길', '물질의 길'을 가지 말고, 신이 인도하는 대로 신의 말씀이 가리키는 내면의 길, 영적인 길을 가라는 말이다. 그렇게 신은 인간에게 듣고, 복종하며 영적인 길을 가도록 요구하고 있다.

그렇다면 우리는 어떻게 신의 말씀을 들을 수 있는가? 가장 좋은 방법은 신에게 나아가 기도하는 것이다. 기도야말로 신과 소통하는 가장 기본적인 방법이기 때문이다. 기도는 우리를 내면의 침묵에로

---

30) Alfred Tomatis, *About the Tomatis Method*, 1989, p.224.f; Pierre Sollier, *Listening for Wellness*, 2005, p.364f.
31) Sollier, 같은 책, p.349f.

잃어버린 지혜, 듣기

인도할 뿐 아니라 자기를 들여다보는 거울과 같다.

성경은 이렇게 쓰고 있다. "기도할 때 너의 방으로 가라. 문을 닫고 보이지 않는 아버지께 기도하라. 그러면 네가 은밀히 기도하는 것을 보시고 응답하실 것이다(마태복음 6장6절)." 한 마디로 기도는 내면의 소리를 듣는 것이다. 내면으로부터 신의 음성을 듣는 것이다. 사람이 없는, 자기만의 내밀한 장소에서 혼자 조용히 기도하라고 신은 가르친다. 결코 사람들 앞에서 과장된 태도로 기도하지 말라고. 그것은 기도가 아니라고.

마더 테레사 수녀는 기도하는 방법의 하나로 내면의 침묵에 귀 기울이기를 권한다. 그녀의 말은 우리는 듣는 것을 통해서만 올바른 기도를 할 수 있다는 것을 뜻한다. 철학자이면서 독실한 신앙생활을 했던 키에르케고르Kierkegaard 또한 다음과 유명한 같은 시를 남겼다.

나의 기도가 좀 더 마음을 모으고 내면을 향하게 될 때
나는 점점 더 말수가 적어진다.
마침내 나는 완전히 침묵하고
듣기 시작한다.

듣는 것은 말하는 것과는 전혀 다른 것이다.
나는 처음에 기도는 말하는 것이라고 생각했다.

그런 뒤 나는 기도가 단순히 침묵하는 것이 아니라
듣는 것임을 배웠다.

기도라는 것은 자기가 말하는 것에 귀를 기울이는 것이 아니다.
기도는 침묵하는 과정이며
나아가 침묵 속에 들어가
마침내 신이 나의 말을 들을 때까지 기다리는 것이다.[32]

절망을 '죽음에 이르는 병'이라 불렀던 키에르케고르는 오직 기도를 통해서, 자신의 내면으로 들어갈 때에만 죽음에 이르는 병으로부터 구원받을 수 있다고 말했다. 내면으로 들어가 침묵 속에서 신을 만나 그의 말씀에 봉사하고 헌신하는 것이야말로 인간의 행위 중에서 가장 고귀한 행위라고 생각했다.

그의 말처럼, 기도는 단순히 신에게 내 부족한 것을 말씀드리고 답을 구하는 것이 아니다. 그것은 기도의 일부에 불과하다. 왜냐하면 기도는 나와 신의 대화라 할 수 있고, 대화는 쌍방의 소통이기 때문이다.

J.C. 하쉬는 《기도의 듣기 측면》이라는 책에서 다음과 같이 말한

---

32) Berendt, *The Third Ear: On Listening to the World*, 1988, p.26.

잃어버린 지혜, 듣기

다. 듣는 것이야말로 기도를 기도답게 하는 것이라고. 신 또한 나와 마찬가지로 하실 말씀이 있다고. 기도는 신에게 나아가 그의 말씀을 귀담아듣는 데 그 진면목이 있다는 것이다. 성경에서 끊임없이 '들으라!'고 하는 것은 바로 그 때문이라고.[33]

따라서 제대로 들을 줄

알 때 신과의 올바른 대화가 시작된다고 할 수 있다. 그때 비로소 우리는 신을 모시고, 신에게 봉사한다고 말할 수 있을 것이다. 성경에는 기도와 듣기에 대해 중요한 가르침을 주는 여러 인물이 나온다. 그중에서도 특별히 우리의 관심을 끄는 것은 바로 모세, 사무엘, 엘리야 그리고 예수다.[34]

먼저 모세의 경우를 보자. 그에게는 침묵을 통해 성숙에 이른 두 번의 큰 계기가 있었다. 하나는 출애굽기 2장에 나와 있듯이, 모세는 젊은 시절 어떤 애굽(고대 이집트) 사람이 히브리 사람을 때리는 것을 보고 참지 못해 그를 죽이고 미디안으로 도주하였다. 그곳에서 한 미디안 제사장의 사위가 되어 40년 동안 목동 생활을 했다. 자연 속에서 밤하늘의 별, 그리고 양과 함께 보냈던 오롯이 외로운 시간이었다. 그는 한없이 고독했을 것이다. 그러나 자연 속에서 내면의 침

---

33) J.C. Hash, *The Listening Side of Prayer*, 2000.
34) J.C. Hash, 같은 책, pp.54-66.

묵에 귀 기울이는 법을 배웠다. 자신을 낮추고 생명을 공경하는 것. 그렇게 신의 말씀에 귀를 기울이는 법을 배웠을 것이다.

마침내 모세가 침묵과 듣기와 기도를 통해 성숙해졌을 때 신이 그를 부르셨다. 애굽 땅에서 도탄에 빠진 히브리 백성을 구하기 위해……

다른 하나는 그가 히브리 백성을 데리고 홍해를 건너 광야(지금의 가자 지구)에서 그의 백성들과 머물 때다. 어느 날 신은 모세에게 시내산으로 올라오라고 하셨다. 그를 통해 이스라엘 백성에게 율법과 계명을 주기 위해서였다. 모세는 시내산에 올라가 40일 동안 단식하며 기도했다. 마침내 신으로부터 율법과 계약의 증표가 새겨진 돌판을 받았다. 하지만 산에서 내려온 모세는 그의 백성들이 우상숭배에 빠진 모습을 보고는 분노해 돌판을 깨뜨렸다. 신은 모세를 나무라며 다시 시내산에 올라오라고 하셨고, 그곳에서 그는 다시 단식하며 40일 밤낮을 머무른다.

모세는 율법과 계명의 증표가 새겨진 돌판을 받기 위해 총 80일간 산에서 단식을 하며 홀로 지냈다. 그가 이렇게 40일씩 산에 올라 단식을 한 이유는 무엇인가? 침묵을 통해 신의 말씀을 듣기 위해서다. 내면으로 깊이 침잠하고 오로지 신의 말씀에 귀를 기울였을 때 신은 비로소 그에게 돌판을 주셨다.

모세야말로 누구인가? 구약시대 이스라엘의 최고 영웅이다. 신은 그런 모세조차도 40년간 목동 생활을 하게 하셨다. 태어나자마자 버려졌던 그의 내면에는 말로 표현할 수 없는 슬픔이 있었을 것이다. 그것은 치료하기 전까지 낫지 않았다. 세월이 지나간다고 해서 잊히는 것도 아니다. 그래서 신은 그에게 목동 생활을 통해 내면의 슬픔과 분노를 씻게 하셨다. 그런 뒤에야 그는 민족의 지도자로 우뚝 설 수 있었다.

영적 교사들은 사람들의 상처를 치료할 때 제일 먼저 어린 시절 부모와의 관계에서 받은 상처가 없는지 살핀다고 한다. 상처가 있으면 우선 치료부터 한다. 그런 다음에야 커서 생긴 상처를 치료한다. 어린 시절의 상처가 치유되지 않으면 어른이 되어 생긴 상처 역시 온전하게 치유가 되지 않기 때문이다.

사무엘은 모세와는 약간 다르다. 그는 이스라엘의 12지파가 분열해 서로 다투고 신에게 불복종하던 시대가 끝나고 새로운 왕정이 들어서던 전환기에 영적 지도자의 역할을 했던 인물이다. 그에게는 신앙심 깊은 어머니 한나가 있었다. 그녀는 아들을 얻기 위해 매일 신전에 가서 기도에 열중했다. 어찌나 열심히 기도하는지 그녀가 소리를 내지 않고 입술만 종알거리는 것을 보고, 제사장 엘리는 그녀가 술에 취해 건성으로 기도드린다고 생각할 정도였다. 그녀는 신에게 약속했다. 만일 아들을 주신다면 아들로 하여금 평생 신에게 봉사하게 하겠다고. 마침내 신은 그에게 아들 사무엘을 주셨다.

사무엘은 어머니의 뱃속에서부터 신에 대한 헌신과 경배 속에서 컸다. 태어나서도 어머니가 지극정성으로 보살폈음은 말할 것도 없다. 마침내 두 해가 지나 사무엘이 젖을 떼자 어머니 한나는 신에게 약속한 대로 그를 데리고 신전으로 가 제사장 엘리에게 맡겼다. 아들을 신에게 바친 것이다. 그때부터 어린 사무엘은 엘리 밑에서 신에게 헌신하고 봉사하며 살았다.

어릴 때 그는 아직 신명이 보이지 않았다. 제사장 엘리는 늙어 눈이 어두워지자 신전을 떠나 그의 처소에 가 자는 일이 많았다. 대신 사무엘이 신전을 지키며 누웠는데 어느 날 신께서 사무엘을 부르셨다. 그러나 사무엘은 엘리가 부르는 줄 알고, 얼른 "네!"라고 대답하고는 엘리에게 달려갔다. 하지만 엘리가 "나는 너를 부르지 않았다"고 하자, 사무엘은 다시 신전에 가 누웠다. 그러자 또 신께서 사무엘을 부르셨다. 사무엘은 다시 엘리가 부르는 줄 알고 엘리에게 달려갔다. 그러나 이번에도 역시 엘리는 부르지 않았다고 대답했다. 사무엘은 다시 돌아와 신전에 누웠는데, 또다시 신이 사무엘을 부르셨다. 이번에도 역시 엘리가 부르는 줄 알고 엘리에게 달려갔다.

마침내 제사장 엘리는 신이 사무엘을 부르시는 줄 알고 그에게 이르기를, 신전에 누워 있다가 신이 너를 부르시거든 "신이시여 말씀하소서, 당신의 종이 듣겠나이다"라고 대답하도록 가르쳐주었다. 이에 사무엘이 신전에 가서 다시 눕자 신이 부르시므로, 사무엘이

잃어버린 지혜, 듣기

대답했다. "말씀하소서. 당신의 종이 듣겠나이다" 하였다. 신은 사무엘에게 말씀하기 시작했다. 이렇게 해서 엘리의 시대는 끝나고 사무엘의 시대로 넘어가게 되었다. 이스라엘은 12지파의 분열의 시대를 끝내고 사울과 다윗의 왕정 시대로 접어들었다.

사무엘은 모세와 달리 40년간을 광야에서 양 떼들과 지낼 필요가 없었다. 그는 신앙심 깊은 어머니 덕에 어려서부터 – 정확히는 태중에서부터 – 이미 신의 말씀을 들을 수 있는 귀가 열려 있었기 때문이다. 그는 어려서는 제사장 엘리를 따라 신전에서 지냈고, 장성해서는 이스라엘의 영적 지도자가 되어 평생을 변함없이 신에게 봉사하며 살았다.

한편 엘리야는 구약 시대의 선지자들 가운데 가장 평범한, 그러면서도 탁월한 기도의 능력을 보인 사람이다. 그는 모세처럼 들판에서 40년을 외롭게 지내지도 않았고, 사무엘처럼 복중에서부터 신을 섬긴 이도 아니다. 오히려 그는 끊임없는 기도와 정성과 듣기를 통해서 신의 말씀에 귀가 열린 사람이다.

신약시대의 야고보 같은 이는 엘리야를 예로 들며 간절히 기도하면 신께서 응답해주신다고 했고(야보고 5:17), 요한복음의 기자 또한 세례요한의 출생을 예고하며 엘리야의 심령과 능력을 갖춘 자라고 했다(요한 1:17). 그만큼 그의 기도는 깊었다.

그는 당시 이스라엘에 거짓 선지자들이 넘쳐나는 것을 보고 가

나안 땅의 바알을 믿는 선지자 450명을 불렀다. 그들과 경쟁하여 말하기를, 각각 송아지 한 마리를 잡아 장작 위에 올려놓고 기도로써 불이 붙게 하는 내기를 통해 누가 진정한 선지자인지 가리자고 했다. 그의 말대로 각각 소 한 마리씩 잡아 나무장작 위에 올려놓고 기도한 결과 선지자들의 장작에는 불이 붙지 않았다. 그러나 엘리야의 장작은 물을 네 통이나 들이부어 장작들이 물에 푹 젖었음에도 불구하고 불이 활활 타올랐다(열왕기상 18).

이렇듯 엘리야는 기도의 힘이 얼마나 큰지 보여주었다. 실제로 성경은 수없이 반복해서 말한다. "기도하라. 그리고 들으라!"고.

무슨 일이든지 기도 중에 신의 도움을 청하라. 그리고 어느 때든지 신에게 기도하라. 성령이 인도하실 것이니라. 이를 위해 늘 깨어 있으라(에베소 6:18).

아무것도 염려하지 말고 무슨 일이든지 기도로써 간구하되, 감사한 마음으로 하라(빌립보 4:6).

성경에는 엘리야의 성장 배경에 대해 아무런 언급이 없다. 별로 언급할 만한 내용이 없다는 뜻이다. 어느 날 기도의 힘으로 세상을 깜짝 놀라게 하기 전까지 그는 그저 평범한 사람에 불과했다. 평범한 그가 할 수 있는 것은 온 정성을 다해 신 앞에 나아가 기도하는 것이다. 자신을 낮추고 또 낮추며 복종했다. 그리고 모든 것을 신에게 바쳤다. 그러던 어느 날 마침내 신의 말씀에 귀가 열렸다. 그러자 그는 대담하게도 신께 간구했다. 3년 동안 비가 오지 않게 해달라고. 자신의 능력이 거짓이 아님을 보여달라고. 3년 동안 비가 오지 않는다는 것은 수많은 사람이 가뭄과 기근으로 고통을 받으리라는 것을 의미한다. 그런데도 신은 그의 청을 들어주셨다!

우리가 온전히 신 앞에 나아갈 때 우리의 기도는 절로 듣기가 된다. 그래서 신 앞에서 나를 낮추고 겸손해질 것이다. 신에게 요구하기보다는 신의 말씀을 듣는 데 더 많은 시간을 보내게 될 것이다. 그렇게 듣기로서의 기도가 생활이 될 때 그는 마음의 평화를 얻게 될 것이다. 얼굴이 밝아질 것이다. 절로 내면에서 기쁨이 차오를 것이다. 웃음이 끊이지 않을 것이다.

여기서 우리는 예수를 만난다. 예수야말로 구약시대의 모세와 사무엘과 엘리야를 합친 인물이라 할 수 있기 때문이다. 예수는 귀가 열려 신의 말씀이 들릴 때까지 굳게 입을 다물었다. 태어날 때부터 이미 세인의 주목을 받았음에도 그에 대한 행적은 별로 알려진 바가 없다. 그만큼 그의 입이 무거웠다는 것을 뜻한다. 그가 입을 연 것은 세례요한에게 나아가 세례를 받고 나서였다.

그가 세상을 향해 "귀 있는 자는 들어라!"고 외칠 때도 그는 오직 성령의 인도 속에서만 말했다. 자기가 하고 싶은 말보다는 신이 하시고자 하는 말을 했다. 인간으로서의 말은 결코 하지 않았다. 온전히 신의 말씀 속에 사는 것만이 영원히 사는 길임을 그는 알았다. 인간의 말이 아니라 오직 신의 말씀을 따를 때만이 우리의 삶은 빛이 되고 진리가 되고 생명이 된다는 것을.

그는 신의 아들로 거듭나기 전, 광야로 나아가 40일 동안 단식하며 기도했다. 신의 음성을 듣기 위해서였다. 그러나 그곳에서 신의 음성 대신 자신의 욕망을 만났다. 마태복음에서는 이 대목을 '마귀의 시험'이란 이야기로 다음과 같이 쓰고 있다.

그때 예수는 영의 인도로 광야에 갔다. 그리고 그곳에서 마귀의 시험을 받았다. 40일 동안 단식한 후 그는 배가 고팠다. 마귀가 와서 말했다. 만일 네가 신의 아들이라면 이 돌들을 빵으로 변하라고 말하라……. 마귀는 다시 그를 신성한 도시로 데려갔다. 그를 신전의 가장 높은 곳에 서게 했다. 네가 신의 아들이라면 네 몸을 저 아래로 던져보아라. 그러면 신이 천사들에게 명하여 너를 받아 돌에 부딪히지 않게 할 것이다…….

다시 마귀는 그를 높은 산으로 데려가 온 세상을 보여주며 말했다. 만일 나에게 엎드려 절한다면 온 세상을 너에게 주겠다…….

잃어버린 지혜, 듣기

예수 역시 우리와 똑같은 사람이다. 그 역시 사람들에게 기적을 보이고 싶고, 높은 데서 떨어져도 몸을 다치지 않는 뛰어난 도력道力을 보이고 싶어 하며, 권세를 누리고 싶은 마음을 가지고 있었을 것이다. 그러나 예수는 물질이나 욕망의 길로는 이 세상에 평화를 가져올 수 없다는 것을, 사람들을 구원할 수 없다는 것을 알고 있었다. 그는 그 길을 거부했다.

그런 욕망은 우리의 내면에 있는 어두운 에너지다. 나를 내세우고 싶고, 다른 사람들 위에 올라서고 싶고, 지배하고 싶은 마음. 그 어두운 에너지를 털어버린 뒤에야 예수는 온전히 '영적인 길'을 갈 수 있었다. 그리고 예수는 마침내 가슴이 돌처럼 단단해진 이스라엘 백성들을 향해 외치기 시작했다. '귀 있는 자는 들으라. 천국이 가까이 왔노라!'고.

2장

태교의
비밀

내 아이를 부드럽게 흔들거라,
바람아

태교의 역사는 인류가 출현하기 훨씬 전부터 시작되었다. 아마도 인간이 아직 인간의 모습을 갖지 못했던 동물이었을 때부터 시작되었다고 말하는 것이 옳을 것이다. 아니, 곤충들도 알들을 낳고는 온갖 정성을 쏟는 것을 보면 생물이 자손을 낳기 시작하면서부터라도 해도 지나친 말이 아닐 것이다.

태교의 핵심은 건강한 자손 탄생에 있다. 어머니가 의식하든, 하지 않든 임신한 여성의 몸은 뱃속의 태아에게 맞춰진다. 자손을 낳아 종족을 보존하는 것이야말로 나의 삶을 영원한 것으로 만드는 것이기 때문이다.

잃어버린 지혜, 듣기

어머니는 본능적으로 어떤 것이 아이에게 이롭고 해로울지 안다. 태아에게 좋은 음식이 뭔지, 어떤 자세를 취할 때 태아가 편한지도 알고 있다. 엄마들이 임신했을 때 몸이 아파도 약물복용을 자제하고 커피나 술 등 자극적인 음료를 피하는 것은 그 때문이다.

한 바이올린 연주자가 임신 중에 공연 계획이 잡혀 한 연주곡을 열심히 연습했다. 출산한 후 아이가 유아기가 지나자 바이올린을 가르치기 시작했는데, 어느 날 보니 아이가 가르치지도 않은 곡을 연주하고 있었다. 그것도 전곡을 완벽하게. 아이에게 어디서 배웠냐고 물었더니 아이는 자기도 잘 모르겠다고 대답했다. 자기도 모르게 그 곡을 연주하게 되었다고 한다. 그제서야 그녀는 아이를 가졌을 때, 연주를 앞두고 매일 연습하던 그 곡이었음을 기억했다. 아이는 자신의 뱃속에서 그 곡을 반복해서 들으며 익혔던 것이다.

이렇게 뱃속의 아이는 소리를 듣는다. 한 조사에 의하면, 일찍 일어나는 어머니가 낳은 아이들은 모두 일찍 일어나고, 늦게 자는 어머니가 낳은 아이들은 모두 늦게 잔다고 한다.[35] 옛날 어른들은 산모에게 특별히 얌전하게 행동할 것을 당부했다. 태아에게 혹시라도 어머니의 좋지 않은 몸가짐이 전해질까 두려워한 것이다. 임신한 산모에게 시끄러운 곳에 가지 않고 더러운 것을 피하며, 부정한 고기

---

35) Thomas Verny, *The Secret Life of the Unborn Child*, 1981, p.73f.

를 먹지 말라고 하는 것도 다 마찬가지다.

난자의 수정과 착상기술이 발달하면서 서구사회에서는 한때 대리모 논쟁이 뜨겁게 달아오른 적이 있었다. 대리모에게서 태어난 아이의 진짜 어머니는 난자를 제공한 어머니냐, 아니면 난자를 자궁에 수정 받아 출산한 대리모냐는 것이었다. 당시 이 논쟁은 뚜렷한 결론 없이 흐지부지 끝나고 말았지만, 태교의 문제를 통해서 바라보면 다음과 같은 결론을 얻을 수 있다. 갓난아이의 DNA 유전자 정보는 난자를 제공한 어머니와 같겠지만, 태어난 아이는 감정적으로나 심리적으로 대리모를 자기의 어머니로 인식하리라는 것이다. 아이는 난자를 제공한 어머니에게 전혀 끌리지 않을 가능성이 높다. 이런 대리모 논쟁은 배 아파 아이를 낳는 것이야말로 어머니가 되는 가장 중요한 길임을 가르쳐준다. 난자만 제공했다고 다 어머니가 되는 것이 아닌 것이다.

최근 법원의 판결은 이 문제를 극명하게 보여준다. 법원이 대리모를 친어머니로 인정한 것이다.

그렇다면 태교의 본질은 무엇인가? 왜 난자를 제공한 어머니보다 배 아파 난 어머니를 친어머니로 인식하는 것일까? 도대체 임신한 9개월 동안 어머니의 자궁 속에서는 무슨 일이 일어나는 것일까? 태아에게는 어떤 일이 일어나는 것일까?

바람과 가락에 실린
인디언들의 태교

세계의 어느 민족이나 모두 태교의 가르침을 갖고 있다. 그만큼 태교의 중요성에 대해서 모든 민족이 인식을 같이한다. 다만, 민족에 따라 태교에 대한 태도는 약간씩 차이가 있다. 대체로 전통 사회와 원주민 사회로 갈수록, 영적 전통을 중요시하는 사회일수록 태교의 중요성이 높아진다. 반면에 현대사회로 올수록 태교의 중요성은 간과되는 경향을 보인다. 태교에 대한 책들과 안내서 등은 많지만, 태교의 핵심을 놓치고 있는 경우가 많은 것이다.

북미 인디언들의 태교에 대한 태도는 제3세계 원주민들 가운데서도 가장 특별하다고 할 수 있다. 그들에게 태교는 어머니가 임신한 것을 인식한 그 순간부터 시작된다. 그녀는 즉시 임신한 사실을 가족들에게 알리고, 그동안 하던 일을 모두 중단한다. 자신의 몸과 마음과 영혼을 깨끗이 정화하고는 조용한 숲길이나 호숫가, 또는 강가를 거닐며 뱃속의 태아와 대화를 시작한다.

다음은 산티 수우족 사람인 찰스 동쪽사람(오히예사)이 전하는 이야기다.

인디언들의 교육은 어머니의 뱃속에 있을 때부터 시작된다. 어머니의 모든 행위와 비밀스런 명상들은 아이의 영혼에게 위대한 신령의 사랑과 모든 생명이 그의 친척임을 일깨워주기 위한 것이다.

임신한 인디언 여성은 종종 그들의 가족이나 부족들 중에서 가장 훌륭한 사람을 선택한다. 매일같이 그 영웅에 대해 생각한다. 그녀는 그에 관한 행적과 용맹스러운 공적들을 모두 수집하여 혼자 있을 때 그것들을 떠올린다. 뱃속의 아이에게 보다 뚜렷하게 각인시키기 위해서다. 그녀는 다른 사람들과 함께 있는 것을 피해 가능한 한 혼자 정적에 싸인 울창한 숲이나 아무도 밟지 않은 평원의 풀밭을 거닌다. 웅장하고 아름다운 풍경을 눈에 담으면서.

그녀의 시적인 마음 속에서 다가올 아이의 탄생은 위대한 신령의 현신 – 영웅, 또는 영웅들의 어머니 – 처럼 느껴진다. 그러한 생각은 원시 자연의 순결한 품 속에 있거나 깊은 침묵 속에서 꿈꿀 때만 떠오른다. 그런 곳에서는 소나무의 숨소리와 멀리서 들려오는 시원한 폭포 소리만이 그녀의 상념을 깨울 뿐이다.36)

왐파노아그족의 후예인 가을의 흰 사슴은 어머니가 뱃속의 태아에게 들려주는 이야기에 대해서 좀 더 자세히 알려준다.

인디언 아이들에 대한 교육은 어머니 뱃속에 있을 때부터 시작해 평생 계속된다. 어머니가 될 젊은 여성은 자신이 임신한 것을 알면 곧바로 뱃속에 든 아이에게 이야기를 들려주기 시작한다. 그녀는 자기 민족의 좋은 시절과 어려웠던 시절에 대한 이야기는 물론, 사람들을 골탕 먹이는 트릭스터trickster와 별나라에서 지구로 여행 온 영적인 존재들에 대해 이야기한다. 과거 세계와 앞으로 다가올 세계에 대해서도 들려준다. 또 이 세상이 어떻게 창조되었으며, 인간이 어떻게 출현하게 되었는지도 들려준다. 이런 이야기들을 통해 뱃속의 아이는 그의 친척들과 민족의 영웅

---

36) Charles Eastman, *The Soul of an Indian and Others Writings from Ohiyesa*, 1993.

들, 돌아가신 분들과 살아 있는 사람들을 알게 된다. 또 다른 민족들과의 관계도 이해하게 된다. 이처럼 아이의 교육은 아이가 태어나기 전부터 이야기를 들려주는 것으로 시작된다.

그런데 여기서 주의할 것은 어머니가 태아에게 이런 이야기를 들려줄 때 반드시 가락에 실어 들려준다는 것이다. 가을의 흰 사슴은 이렇게 말한다.

음악은 자연스럽게 어머니가 들려주는 이야기의 곡조가 된다. 음악은 태아가 자라는 것을 돕는다. 부모들은 자주 뱃속의 아이에게 노래를 들려준다. 아이의 아버지는 어머니가 이야기를 노래에 실어 들려줄 때 곁에서 부드럽게 조롱박을 흔들거나 북을 친다. 늦은 밤, 대평원에서는 마을에 아름다운 인디언 플루트 소리가 울려 퍼질 때가 있다. 그 소리는 마을의 티피(아메리카 인디언이 사용한 거주용 텐트)들 위로 퍼지며 평화와 행복을 실어 나른다. 다음 날, 어머니는 바쁘게 일하는 중에도 뱃속의 아이에게 노래를 들려주는 것을 잊지 않는다.

어머니는 숲길을 거닐다가 새들이 노래를 하면 그 소리를 흉내 내어 "지지배배 지지배배", "비종배종~ 호롱호롱", "삐- 삐- 삐-"하는 식으로 들려준다. 인디언들은 동물의 소리며 새의 소리를 흉내내는 데 매우 능숙하다. 그래서일까? 그들의 찬트(전례 음악)에는 새들의 소리를 흉내내는 소리가 곧잘 등장한다. 새들의 소리는 그 자체가 노래다. 리듬이 있고 억양과 강세가 있으며 호흡의 긴장과 이완이 있다.

인디언들은 세상의 모든 존재는 노래를 부르고 춤을 추고 싶어한다고 말한다. 바람이 가랑잎을 부스럭거리면 바람이 노래한다고 말하고, 냇물이 여울지며 졸졸졸 흘러가면 냇물이 춤춘다고 말한다. 새들이 울면 새들이 노래한다고 말하고, 곤충들이 울면 곤충들이 노래한다고 말한다. 세상 만물이 노래와 춤으로써 자신을 표현한다는 것이다. 자유롭고 거칠 것 없이. 노래와 춤은 다른 존재들과 소통하고 나누는 방법이기도 하다.

그뿐만 아니라 춤과 노래에는 은총과 축복이 담겨 있다. 인디언들은 자신의 존재를 온전히 드러내지 않고, 자신의 존재를 다 던지지 않고서는 진정으로 노래하고 춤출 수 없다고 말한다. 춤과 노래야말로 인간의 행위 중에 가장 고귀한, 영적인 행위라고 믿기 때문이다. 따라서 그들이 아이들에게 이야기를 옛 가락에 실어서 들려주는 것은 너무도 자연스러운 일이다.

인디언 어머니들은 길을 가다가 아름다운 꽃을 보면 꽃의 색깔이며 모양, 향기 등을 태아에게 하나하나 설명한다. 아름다운 풍광이나 저녁노을을 만나도 아이에게 그 황홀한 모습을 자세히 들려준다. 동물을 만나면 그 동물에 대해 이런저런 이야기를 들려주고, 시냇물을 만나면 냇물이 어떻게 노래하며 춤을 추는지 흥겹게 이야기한다.

한번은 통영에서 진주로 가는 시외버스를 탔을 때다. 사람들이 절반쯤 찼을까? 그때 젊은 엄마가 아이를 데리고 올라왔다. 군데군데 헐어서 구멍이 뚫린 청바지를 입은 모양새가 전형적인 신세대 엄마다. 그녀는 바로 내 앞자리에 앉았다. 처음에는 이따금씩 보는 그런 모습이려니 하며 창밖을 내다보고 있는데, 신세대 엄마의 목소리가 점점 나의 귀를 사로잡았다. 무엇보다 그녀의 낭랑한 목소리에는 주변의 눈치를 보는 어색함과 쭈뼛거림이 전혀 없었다. 버스 안에 오직 자신과 아이만 있는 것처럼 당당하고 자랑스럽게. 기쁨에 가득 찬 그녀의 목소리는 청아하기까지 했다.

"많~이 힘들었지~. 아이구 귀여운 내 새끼~. 쪽쪽. 조금만 참아~. 여기는 버스 안이거든. 이마에 땀이 배었네. 그새 힘들었어~? 시원하게 닦아줄게~. 자, 시원하지? (누군가와 전화를 통화하고 나서는) 방금 누구와 통화했는지 아니? 진주 이모와 전화했지~. 버스 정거장에 도착하면 이모들이 벌써 마중 나와 있을 거야. 우리 예쁜 아기 보고 싶다고 말이야. 저기 창밖에 나무 보이지. 저게 소나무라는 거야. 노래 불러줄게, 들어봐~.

소나무야 소나무야

언제나 푸른 네 빛

쓸쓸한 가을날이나

눈보라 치는 날에도

소나무야 소나무야

언제나 푸른 네 빛

그렇게 그녀의 소나무 노래는 버스 안에 울려 퍼졌다. 마치 집에서 편안하게 아이에게 노래를 불러주듯이. 그녀의 목소리는 다시 이어졌다.

"잘 들었어? 소나무는 사시사철 푸른 잎을 달고 있단다. 다른 나무들처럼 시들지 않거든. 우리 아가도 늘 소나무처럼 푸르게 자랄 거지? 아이쿠, 요 녀석. 그새 실례를 했어~? 괜찮아, 괜찮아! 시원하게 갈아줄게~. 잠깐만 기다려~. 우리 아가가 많이 힘들었나 보구나~. 미안해, 미안해."

그렇게 그녀의 목소리는 진주까지 가는 1시간 반 동안 내내 귓전에 울려 퍼졌다. 나는 그때 책으로만 보던 인디언 어머니들의 아이 교육에 대해서 확실하게 이해할 수 있었다. 이렇게 애정이 가득 담긴 목소리로, 당당하고 자랑스럽게 친구와 대화하듯이 이야기를 들려준다는 것을.

그렇다면 인디언들은 왜 그렇게 뱃속의 아이에게 끊임없이 이야기를 들려주는 것일까? 그들의 대답은 이렇다. 뱃속의 아이들은 말은 못해도 어머니가 하는 말을 다 알아듣는다는 것이다. 뱃속의 아이가 어머니의 말을 다 알아듣는다? 도대체 아직 말도 할 줄 모르는 태아가 어떻게 어머니의 말을 알아듣는다는 말인가? 신비롭기 짝이 없는 이야기지만, 그들은 그리 믿는다.

그래서 그럴까. 백인들의 기록에 의하면, 인디언 갓난아이들은 칭얼대고 우는 법이 없다고 한다. 우리의 갓난아이들이 조금만 불편해도 울고 짜고 난리인 것과 천지차이다. 실제로 백인들에 의하면, 인디언들이 사는 티피에서는 갓난아이의 울음소리가 거의 나지 않는다고 한다. 인디언 아이들이 그만큼 잘 울지 않는다는 뜻일 게다. 물론 인디언 어머니들은 위험한 상황이나 적들이 근처에 있는 위험한 상황에서는 칭얼대는 아이를 가만히 있게 하는 법을 안다. 엄지와 검지손가락으로 아이의 코를 가만히 닫아주면 아이는 이내 잠잠해진다. 하지만 평상시에는 그렇게 아이의 코를 막을 필요가 없으니 인디언 아이들이 거의 울지 않는다는 것은 아무래도 그들의 태교와 관계가 있을 법하다.

그렇다면 인디언들의 태교의 핵심은 무엇인가? 그것은 한마디로 '듣기'다. 듣기는 태교뿐 아니라 인디언 문화와 교육 전반에 걸쳐 있는 그들 문화의 핵심코드라고 할 수 있다. 하지만 아이에게 끊임

잃어버린 지혜, 듣기

없이 이야기를 들려주는 것은 아이가 다 알아듣기 때문이라기보다는 오히려 그러한 과정을 통해 아이의 귀를 열어줌으로써 장차 아이가 만나게 될 세상과 사람과 자연에 대해 준비시키기 위한 것이 아닐까? 왜냐하면 귀를 연다는 것은 어느 면에서 가슴과 마음을 여는 것이라고 할 수 있기 때문이다.

| 인디언 요람. Nancy Wood, 《War Cry on a Prayer Feather》, 1973.

인디언들의 이런 듣기 문화는 무엇보다 아이들을 위한 그들의 요람에 잘 나타난다. 아이가 태어나면 아버지 쪽의 여자 형제나 이모, 고모, 할머니 등이 정성스럽게 만들고 수를 놓은 요람을 아이에게 선물한다.

그런데 북미 인디언들의 요람은 좀 특별하다. 널빤지 같은 것을 바닥에 댄 다음 그 위에 아이를 눕히고 가죽으로 덮은 다음 줄로 팔다리를 움직이지 못하도록 단단히 조인다. 이렇게 만들어진 요람은 등에 지기도 하고 무릎 위에 올려놓기도 하며, 때로는 나무줄기에 매달아 놓기도 한다. 그런데 이 요람을 등에 지면 아이는 엄마와 등을 맞대게 되면서 시선이 자연히 어머니와 반대편을 향하게 된다. 우리의 아이 업는 관습이 아이를 등에 업어놓은 다음 포대기로 둘러싸 아이의 시선이 어머니의 등에 가로막히게 되어 있는 것과 달리, 인디언 아이들은 어머니 등에서도 아무 장애물 없이 편안히 자연을 바라보게 되어 있는 것이다.

인디언 요람이 가진 또 하나의 특징은 아이로 하여금 팔다리를 움직이지 못하도록 줄로 단단히 맨다는 점이다. 그 이유는 아이의 의식이 온전히 눈과 귀로만 향하도록 하기 위해서라고 한다.

전통 시대 북아메리카의 자연은 오늘날 미국 국립공원보다도 훨씬 더 울창하고 아름다웠던 것으로 전해진다. 어머니의 등에서 아이는 눈으로 보고 귀로 들었을 것이다. 아름다운 산과 들, 새와 벌레, 그리고 하늘과 구름이 흘러가고 노을이 지는 것을 바라보는 동안 귀로는 새, 동물, 곤충 그리고 나뭇잎과 바람, 냇물이 내는 소리에 귀를 기울였을 것이다.

부모가 바쁠 때는 요람을 나뭇가지에 매달기도 하는데 그럴 때도 어머니는 조용히 노래를 불러준다.

바람아,
나무에 매단 아이를 부드럽게 흔들거라.
바람아,
나무에 매달린 너의 형제를 부드럽게 흔들거라.

잃어버린 지혜, 듣기

이때 아이가 의지해 있는 요람 뒤판은 대지를 상징하며, 아이의 머리를 보호하기 위한 둥근 테두리는 둥근 하늘과 무지개를 상징한다. 부족에 따라 약간씩 다르기는 하지만 요람에는 꽃이나 해, 달, 별 등 각종 문양을 장식한다. 이 문양들은 모두 상징적인 의미를 지닌다. 인디언들의 자장가는 대자연의 광활한 들판과 바람 소리, 나뭇잎들이 내는 바스락거림, 요람에 담긴 각종 상징과 어우러져 비로소 진정한 의미를 가진다.

이렇듯 인디언 아이의 생활은 어머니 뱃속에 있을 때나 태어나서도 이야기와 노래로 가득 차 있다. 사람들이 부르는 노래를 따라 배우는 동안 아이들은 자연스럽게 그들의 내적 감정을 표현하는 법을 배운다. 아이가 태어나면 인디언들은 아이를 자연의 친구들에게 인사시키는 풍습이 있다. 어머니의 뱃속에서 들었던 자연의 친구들에게 처음으로 자신의 존재를 알리는 것이다. 다음은 크리크 머스코기족의 추장인 곰의 마음이 태어난 지 3일째 되던 날, 그의 어머니가 그를 자연의 친구들에게 인사시킨 이야기다.

내가 태어난 지 3일째 되는 날, 어머니는 나를 집 근처의 작은 언덕으로 데려가셨다. 자연의 친구들에게 나를 소개하셨다. 맨 처음 어머니는 나를 동남서북의 네 방향에 소개하셨다.

"이 아이에게 특별한 축복을 내려주실 것을 청하옵니다. 당신들은 우리의 삶을 감싸고 우리를 살아가게 하십니다. 이 아이를 보호해주시고, 그의 삶에 균형을 주시길 바라옵니다."

그러고 나서 어머니는 내 작은 발을 대지의 어머니에게 대셨다.

"사랑하는 어머니, 대지의 어머니시여, 언젠가 이 아이가 크면 당신 위에서 걷고 놀고 뛸 것입니다. 아이가 자라는 동안 당신을 공경하도록 가르칠 것입니다. 그가 어디를 가든지 그를 보호하시고 보살펴주실 것을 청하옵니다."

다음에 나는 해에게 소개되었다.

"위대한 아버지, 태양이시여, 이 아이가 자랄 때 비춰주세요. 아픈 곳 없이 건강하고 튼튼하게 자라게 해주세요. 육체만이 아니라 정신적으로도 튼튼하게 해주세요. 그가 어디 있든지 당신의 따뜻하고 사랑스러운 힘으로 감싸주세요. 때로는 아이의 인생에 흐린 날도 있을 것입니다. 하지만 당신은 언제나 변함없이 대지를 비추십니다. 이 아이에게 빛을 주시고 늘 안전하게 지켜주시길 바라옵니다."

어머니는 나를 들어 바람에 안기시며 말씀하셨다.

"이 아이를 받아주세요. 당신은 때로는 강하게 불고 때로는 부드럽게 불 것입니다. 그가 이 행성에서 살아가는 동안 당신의 존재가 얼마나 소중한지 늘 새롭게 깨우쳐주시길 바라옵니다."

다음에 나는 물에 소개되었다.

"물이시여, 우리는 당신 없이 살 수 없습니다. 당신은 생명입니다. 이 아이가 살아가는 동안 목이 마르지 않게 해주세요."

어머니는 내 이마에 재를 바르고는 말씀하셨다.

"불이시여, 이 아이의 인생에 장애가 되는 것들을 모조리 태워주세요. 깨끗이 정화하시어 이 아이가 사랑과 공경을 배워나가는 동안 넘어지지 않게 해주세요."

그날 밤, 나는 보름달과 별에게도 소개되었다. 이 친구들이 지켜보는 가운데 나는 성장했다. 대지의 어머니가 주신 풀밭의 카펫 위를 뛰어다니며 생명을 유지하고 몸속의 나쁜 독소들을 걸러주는 깨끗한 공기를 들이마셨다. 자연의 친구들과 우리 부족의 관계는 아주 오래되었기 때문에 자라면서 자연스럽게 그들을 한 가족, 한 형제처럼 느꼈다. 우리는 이미 오래전부터 온갖 생명이 우리를 둘러싸고 있다는 것을 알고 있었다. 물속과 땅속, 그리고 식물들 속에도. 아이들은 태어난 뒤 자연스럽게 이들에게 소개되었고, 자연을 무시하거나 그들을 두려워하지 않았다. 오히려 우리는 자연의 한 부분이며, 그들과 평등한 존재라고 느꼈다. 우리는 풀잎 하나, 나뭇잎 하나도 똑같이 공경했다. 그렇게 모든 것을 공경하고 사랑했다.[37]

---

37) Bear Heart, *The Wind Is My Mother*, 1996.

아이는 아직 눈이 보이지 않는다. 그러나 어머니 뱃속에서 마음으로 그려보던 친구들을 그는 얼마나 기다렸던가. 아마도 갓 태어난 아이들을 본 사람들은 아이가 눈을 뜨고 초롱초롱 바라보는 것 같은 느낌을 받았을 것이다. 비록 눈은 보이지 않지만 아이가 분명히 나를 바라보고 인식하는 것 같은 그 경이로운 느낌 말이다. 아마도 자연의 친구들에게 인사할 때도 그와 같이 눈을 껌벅였을 것이다.

이렇게 마음으로 인사를 나눈 자연의 친구들은 나와 분리된, 저 만치 떨어진 대상이 아니다. 그들은 내 삶의 일부요, 내 존재의 한 부분이며 내 영혼의 또 다른 표현과 모습이다. 실제로 인디언 아이들은 자연의 친구들을 자신의 형제이자 친척으로 인식한다. 대평원의 라코타족은 이것을 '미타쿠예 오야신!'이라는 말로 표현한다. '모두 내 친척!'이란 말이다. 나의 삶은 그들의 존재와 분리할 수 없고, 그들 또한 나의 삶에 깊숙이 들어와 있다고 생각한다. 그들의 삶이 생태적일 수밖에 없는 이유가 바로 여기에 있다. 인디언들의 태교와 듣기에는 이처럼 깊은 지혜가 담겨 있다.

어머니의 목소리가
키우는 아이의 뇌

일본의 지압교사 와타루 오하시는 말한다. "귀의 모양을 살펴보면 정확히 태아의 모양과 비슷하다는 것을 알게 될 것이다. 그 때문에 귀는 우리 몸의 축소판으로 여겨진다." 형태상으로 보더라도 귀는 자궁 속에 거꾸로 있는 태아와 매우 닮았다. 실제로 귀에 침을 놓는 자리를 보면 자궁 속에 거꾸로 있는 태아의 머리와 장기의 위치와 정확히 일치한다.

'귀의 아인슈타인'으로 일컬어지는 프랑스의 알프레 토마티Alfred Thomatis, 1920-2001에 의하면, 태아는 수정된 지 며칠 지나지 않아 겨우 0.9mm 정도의 크기에 불과할 때 이미 초보적 수준의 청력이 형

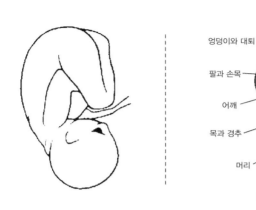

다리와 발
손
엉덩이와 대퇴
팔과 손목
어깨
목과 경추
머리
앞머리

| 자궁 속의 태아와 귀의 침놓는 자리

성된다고 한다. 심지어 달팽이관은 4개월 반 만에 완전한 크기로 성장한다. 우리 신체 중 일부가 10대 후반까지 성장하는 점을 고려할 때 달팽이관은 수정 후, 불과 135일 만에 다 자라는 것이다. 실제로 4, 5개월 된 태아는 소리와 음악의 자극에 반응하는 것으로 알려졌다.

이러한 사실은 1981년 토마스 버니가 《태아의 비밀한 생활》이란 책에서 자세히 밝혀 이제는 새로울 것이 없다. 그렇지만 알프레토마티가 주장하던 1950년대만 해도 사정은 전혀 달랐다. 아무도 뱃속의 아이가 소리를 듣는다는 사실을 인정하지 않았다. 동료 학자들은 그를 비웃었다.

그러나 그는 인공적으로 자궁 환경을 만들어 태아가 뱃속에서

잃어버린 지혜, 듣기

어떻게 듣는지 구체적으로 실험했다. 그는 양수에 둘러싸인 태아의 조건을 만들고 인공 자궁 안에 방수가 되는 마이크와 스피커를 설치했다. 스피커는 임신 중의 어머니가 말할 때 뱃속에서 들리는 소리를 재현하기 위한 것이다. 마이크는 소리분석기와 연결했다. 이렇게 해서 토마티는 자궁 속의 태아가 어떤 방식으로 소리를 듣는가를 분석했다.

그 결과 자궁 안에서 어머니의 숨 쉬는 소리, 심장박동 소리, 내장이 움직일 때 나는 소리와 같은 낮은 주파수대의 소리가 급격히 감소한다는 사실을 알아냈다. 마치 양수가 그러한 소리를 걸러내기라도 하듯이. 이때 토마티의 관심을 끈 것은 자궁 안에서 들리는 높은 주파수대의 소리였다. 낮은 주파수대의 소리가 급격히 감소하는 것과 달리 높은 주파수대의 소리는 줄어들지 않았다. 토마티는 전기 필터를 이용해 이 소리를 분리했다. 그리고 이 높은 주파수대의 소리가 태아가 자궁 속에서 듣는 어머니의 목소리라는 것을 알아냈다. 그가 귀와 언어장애를 가진 아이들에게 뱃속에서 듣던 어머니의 목소리를 재현해서 들려줄 수 있었던 것은 바로 이 실험 덕분이었다.

그러나 토마티는 여기서 한 걸음 더 나아가 태아는 4개월 반이 되기 전에, 즉 귀가 완성되기 전에 이미 듣기 시작한다는 것을 알았다. 토마티는 말한다.

나는 태아의 듣기는 자궁 안에서 4개월 반이 되기 전에 시작한다고 확신한다. 수정 직후 난자에 일어나는 많은 현상은 여전히 우리에게 잘 알려지지 않았다. 우리가 그것들에 대해 좀 더 잘 알게 될 때, 우리는 태아가 오늘날 사람들이 인정하는 것보다 훨씬 더 일찍부터 소리에 반응한다는 것을 깨닫게 될 것이다.

얼마 전에 있었던 일이다. 나는 심한 언어장애를 가진 4살 반 된 프랑스 아이를 치료한 적이 있다. 소녀의 치료는 빠르게 진전되었고 그녀는 곧 말하기 시작했다. 그녀는 아버지가 모는 차를 타고 어머니와 함께 오곤 했다. 하루는 그녀의 아버지가 내게 말했다.

"들어보십시오. 도대체 이게 어떻게 된 건지 모르겠습니다. 뭔가 특별한 일이긴 한데……. 저와 아내는 아이가 넷입니다. 그런데 아파트 생활은 사생활을 유지하기가 쉽지 않습니다. 자연히 우리가 나누는 대화를 아이들이 듣는 겁니다. 우리는 프라이버시와 관계된 대화를 할 때면 두 사람 다 영어를 할 줄 알기 때문에 프랑스어 대신 영어를 사용하기 시작했습니다. 그런데 도무지 이해할 수 없는 것은 지금 치료받고 있는 딸아이가 프랑스어보다 영어를 훨씬 더 잘 알아듣는 것 같습니다! 그 아이는 단 한 번도 영어 관련 교육을 받아본 적이 없는데 말입니다."

나는 그의 말을 받아 말했다.

잃어버린 지혜, 듣기

"그렇다면 당신 아내가 임신 기간에 영어를 사용했을 겁니다."

"임신 중에요? 아닙니다. 절대로 그런 일은 없습니다."

참으로 난감한 일이었다. 우리는 다른 설명을 찾아야만 했다. 그때 나는 매우 바빴으므로 그 문제를 가지고 씨름할 겨를이 없었다. 그래서 일주일 후 아이가 치료를 받으러 올 때까지 그 문제를 그대로 놓아두고 있었다. 그런데 연구소에 도착한 그녀의 아버지가 나를 보더니 말했다.

"당신께 사과드려야겠습니다."

"사과라니요?"

"지난번에 아무래도 잘못 말씀드린 것 같습니다. 집에 돌아가 다시 차분히 생각해보니 제가 깜빡했다는 것을 알았습니다. 딸아이 엄마가 임신 중일 때 영어 통역사로 일한 적이 있었다는 것을요."

"그게 임신 중 언제이지요?"

"임신 초기 3개월간입니다."[38]

위의 이야기대로라면 아이의 엄마가 임신 초기 3개월간 영어 통

---

[38] Tomatis, *The Conscious Ear*, 1991, p.145f; Thomas Verny, *The Secret Life of the Unborn Child*, 1981, p32f.

| 알프레 토마티

역사로 일한 후 거의 영어를 사용하지 않았는데도 아이는 영어를 알아듣는 것이다. 말하자면 뱃속에 있을 때, 그것도 임신 초기 3개월 동안 – 아직 귀가 완성되기 전에 – 뱃속에서 들은 영어를 기억하는 것이다. 이것은 임신 초기에도 뱃속의 태아가 소리에 반응한다는 것을 나타낸다.

이러한 사실에 기초하여 토마티는 좀 더 구체적으로 우리의 언어발달이 언제부터 시작되는지 밝히기 위해 노력했다. 그는 각 발달단계에서 태아가 내는 소리의 주파수 내용을 분석하기 시작했다. "목소리는 귀가 듣는 소리만 낸다"는 사실을 토대로 그는 아이들의 언어발달은 뱃속에서 어머니의 목소리를 듣는 방식으로부터 시작한다는 것을 알아냈다.

오늘날 태교가 서구사회에 관심사로 떠오른 것은 전적으로 토마티 덕분이다. 그가 태아도 소리를 듣는다는 사실을 밝혀내면서 서구사회는 비로소 그에 대해 관심을 갖기 시작했다. 현대과학이 밝혀낸 것에 의하면, 태아는 자궁 속에서 한 달이 지나면 이미 내이(內耳)에 전해지는 소리 에너지를 분류할 수 있다고 한다.[39] 이것은 태아가 의식을 가진 존재라는 것을 의미한다. 다시 말해 태아는 자궁 속

잃어버린 지혜, 듣기

에서 느끼고 지각하고 기억하며 경험을 통합한다. 이때 태아의 의식의 중추를 이루는 것은 귀다. 왜냐하면 뇌의 신경체계는 귀가 자신의 경험을 기록하고 기억하기 위해 활동함으로써 발달하기 시작하기 때문이다.[40] 토마티가 나중에 그의 자서전을 《의식을 갖고 있는 귀The Conscious Ear》라 명명한 것은 그 때문이다.

그것은 태아에게 귀가 얼마나 중요한 감각기관인지, 듣는 것이 태아의 발달에 얼마나 큰 영향을 미치는지 상징적으로 보여준다. 그렇다면 태아는 오감五感 중에서 청각에만 반응하는 것일까? 그렇지는 않은 것 같다. 태아가 가끔 양수를 삼킨다는 것이 확인되었으며, 이따금씩 어머니의 배를 차는 등 몸을 움직이는 것도 확인되었기 때문이다. 따라서 청각 이외에 미각, 후각, 촉각 등도 어느 정도 기능한다는 것을 짐작할 수 있다. 다만, 시각은 출생한 지 몇 달이 지난 뒤에야 비로소 보이기 시작하므로 태아 상태일 때는 거의 기능하지 못한다.

미각, 후각, 촉각이 어느 정도 발달했다고 하지만, 자궁의 양수 속에 있는 태아의 환경으로서는 그 기능이 매우 제한될 수밖에 없다. 태아는 사실상 귀의 청각을 통해 어머니와 교감하고 외부와 소

---

39) Tomatis, 앞의 책, p.209.
40) Tomatis, 앞의 책, p.212f.

통한다고 할 수 있다. 그렇다면 태아는 어떻게 소리를 듣는 것일까? 왜냐하면 우리의 귀는 공기 중에 노출되어 있지만, 태아의 귀는 양수 속에, 즉 물속에 잠겨 있기 때문이다.

태아의 귀는 수중에서 소리를 들을 수 있도록 특수한 형태로 되어 있다. 일반적으로 귀가 소리를 듣는 방법은 외부의 소리가 고막을 자극하면 이것이 고막과 연결된 중이^{中耳}의 세 개의 뼈(추골, 침골, 등골)를 통해 내이에 전달되는 과정을 통해서 이루어진다. 그런데 외이^{外耳}에 양수가 차 있는 상태에서는 고막이 울리지 않는다. 그렇다면 태아는 어떻게 소리를 듣는 것일까? 양수에 전달된 소리는 어떤 방식으로든 내이에 전달되어야만 들을 수 있기 때문이다. 게다가 중이에는 유스타키안 튜브^{Eustachian Tube}라는 중요한 관이 있다. 귀와 입 속^{pharynx}(인두)을 연결하는 통로인데, 성인의 경우에는 공기가 차 있어 외이와 중이의 압력을 조절하는 역할을 한다. 그런데 태아의 경우는 유스타키안 튜브에 물이 차 있다. 말하자면 고막 바깥과 안에 모두 물이 차 있는 것이다.

따라서 양수에 전달된 소리 에너지는 외이와 유스타키안 튜브에 들어 있는 물을 통해 자연스럽게 중이에 전달되고, 이 소리 에너지는 다시 중이에 있는 세 개의 뼈를 진동시킴으로써 내이에 전달된다. 내이에서는 이 소리를 분석하여 뇌로 정보를 보낸다.

이런 방식으로 태아는 외부의 소리를 인지한다. 그렇다면 귀의

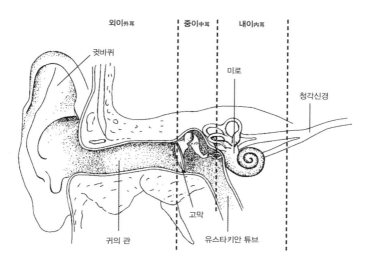

외이外耳 　 중이中耳 　 내이內耳

귓바퀴

미로

청각신경

고막

귀의 관

유스타키안 튜브

| 귀의 구조

기능은 단순히 외부의 소리를 청취하는 것일까? 그러나 우리가 아
는 귀의 인지 기능은 여러 기능 중 하나에 불과하다. 보다 일차적인
기능은 내이에 있는 평형고리관前庭, vestibular을 통해 우리 몸의 균형
을 잡는 것이다. 음악학자 돈 캠벨은 우리의 균형감각을 지배하는
귀의 기능에 대해 이렇게 말한다.

　　귀의 일차적인 기능은 미세한 소리를 구별할 수 있게 하거나
　소리의 즐거움을 주는 것이 아닐 수도 있다. 귀는 우리에게 공간
　을 인지하고 운동 방향을 지각하는 힘을 준다. 내이에 있는 세 개

의 평형고리관은 공간에서 회전할 때, 또는 움직일 때 우리의 위치에 대한 안내자로서 봉사한다. 이 평형고리관의 액체는 머리의 사소한 움직임에도 즉각 반응하며, 우리가 똑바로 서 있는지 앞으로 굽어 있는지 다른 것들 사이에 끼어 있는지 등을 판단하게 한다. 하위의 동물들은 단지 한두 개의 평형고리관만을 갖고 있을 뿐이다. 이것은 그들의 방향감각을 제한한다.

평형고리관은 사람이 어떤 자세에 있든지 언제나 직립자세가 가능하도록 조절한다. 귀의 이 기관이 인간의 뇌를 진화하도록 도왔다는 사실은 의심의 여지가 없다. 우리로 하여금 직립자세를 가능케 한 내이의 이 복잡한 기능 없이 전두엽의 성장은 거의 불가능했을 것이다.[41]

귀가 우리 몸의 균형을 잡도록 도와줌으로써 우리가 직립인간이 될 수 있는 진화의 길을 열어놓았다는 것이다. 실제로 귀의 평형기능이 없었다면 우리는 두 발로 걷는 것은 물론 똑바로 서 있는 것조차 어려웠을 것이다. 그렇기는 하지만 거의 무중력 상태나 다름없는 양수 속에 있는 태아에게 왜 그렇게 일찍부터 귀가 필요한 것일까? 거기에는 단순히 소리를 듣거나 평형을 유지하기 위한 기능 이상의

---

41) Don Campbell, *The Roar of Silence*, 1989, p.82ff.

잃어버린 지혜, 듣기

또 다른 기능이 있는 것은 아닐까? 소리를 연구하는 조슈아 리즈는 이렇게 말한다.

일반적으로 사람들은 귀의 기본 기능은 말을 이미지로 바꾸고, 우리가 직립했을 때 몸의 균형을 잡을 수 있도록 하는 것이라고 믿는다. 그러나 '귀의 아인슈타인'으로 불리는 알프레 토마티에 의하면, 귀의 첫 번째 목표는 태아의 뇌의 성장을 돕는 것이라고 한다. 어머니의 목소리가 주는 심리적 안정감은 영양을 공급하는 탯줄만큼이나 중요하다.

아이가 탄생하면 귀는 뇌의 신피질을 충전하며 그로부터 뇌신경 전체가 활성화된다. 토마티 박사가 볼 때 소리는 일종의 '영양분'인 셈이다. 우리가 소리 주파수의 완전한 스펙트럼을 소화하지 못할 때, 위가 음식물을 소화하지 못하는 것과 유사한 결과를 초래한다. 양자의 차이라면, 음식은 신체에 영양분을 공급하고 음파는 뇌를 충전하는 전기적 자극을 공급하는 것이다. 42)

한 마디로 귀의 중요한 기능은 소리를 듣거나 몸의 균형을 잡는 것 못지않게 태아에게 심리적 안정감을 주고 뇌를 충전시켜 활성화

---

42) Joshua Leeds, *Sonic Alchemy*, 1997, p.34.

하는 데 있다는 것이다. 토마티의 말을 직접 들어보자.

　귀의 기능 중 하나는 뇌를 충전시켜 활성화하는 것이다. 의사들은 이 기능을 완전히 무시했다. 동물학자들은 그것에 대해서 잘 알고 있다. 아마도 가장 단순한 동물, 특히 물고기에게서 쉽게 볼 수 있을 것이다. 소리를 감지하는 귀는 전기적 전위를 가지고 신체의 기관을 충전시키는 데 봉사한다. 외부의 자극들이 뇌의 신피질을 충전시킬 수 있는 것은 전적으로 귀 덕분이다. 우리가 신경의 영역이라고 부르는 뇌의 메커니즘은 자극에 의해서 충전된다. 이 자극은 피부와 관절, 근육, 그리고 외부로부터 우리의 몸에 들어오는 수천 가지의 것들을 통해서 온다. 이 자극을 뇌에 전하는 것은 귀다.
　관절과 근육, 그리고 몸의 자세 - 우리가 중력과 맞서 싸우기 위해 사용하는 모든 것 - 는 귀의 미로와 연결되어 있다. 우리 몸의 균형을 통제하는 것은 내이의 평형고리관의 미로다. 나는 이 메커니즘이 뇌의 신피질 충전의 60%를 담당하고 있다고 믿는다. 그리고 대략 30% 정도는 달팽이관에서 처리되는 소리가 가진 그 자체의 에너지에 의해서 충전된다. 이처럼 귀는 뇌에 필요한 충전에너지 90% 내지 95%를 담당하고 있다.43)

　　　　　　　　　　　　　　　　　　잃어버린 지혜, 듣기

따라서 귀는 단순히 소리를 듣는 것만이 아니라 뇌를 충전시켜 우리의 삶에 활력을 주는 특별한 기능을 가지고 있다는 것을 알 수 있다.

우리의 뇌는 각종 정보를 분석하여 몸과 정신에 보낸다. 그런데 뇌는 에너지를 스스로 생산하지 못한다. 전적으로 외부의 에너지원에 의존할 수밖에 없다. 에너지원은 크게 세 가지다. 하나는 공기 중의 산소, 음식물의 영양분이고, 나머지 둘은 소리와 운동이다. 소리와 운동은 모두 진동, 또는 파동이다. 이 소리와 운동을 관장하는 기관이 바로 귀다. 그런데 귀가 소리를 통해 뇌를 자극하고 충전하는 방식은 산소나 음식물과 다르다. 훨씬 더 미묘하고 신비롭다. 왜냐하면 그것은 뇌의 발달과 정신에 직접적인 영향을 미치기 때문이다. 따라서 태아의 귀에 전달된 소리가 태아의 뇌와 신체의 발달에 직접적인 영향을 끼치리라는 것은 더 말할 필요가 없다. 이 점에 대해 현대의 신경생물학neurobiology은 어떻게 보고 있을까?

지니 아크터버그에 의하면, 고통과 같은 정보들은 동작이 느린, 아주 작은 일부의 신경섬유를 통해서 전달된다고 한다. 그러므로 뇌 전체를 활성화하는 북소리와 같은 강력한 소리를 들려줄 때 그러한

---

43) Tomatis, *About the Tomatis Method*, 1898, p.214f; Don Campbell, *Music: Physician for Times to Come*, 2000, pp.15-18.

어머니의 목소리가 키우는 아이의 뇌

소리를 효과적으로 차단하거나 소거시킬 수 있다는 것이다. 현대의 신경생물학은 소리가 뇌를 충전시킨다는 것을 뒷받침하고 있으며, 나아가 이런 충전기능은 신체적 고통과 같은 원치 않는 내적 자극을 차단할 수 있다는 것을 보여준다.

이러한 사실은 심한 화상을 입은 아이들의 연구에서 확인된다. 지니 아크터버그는 화상을 입은 아이들에게 그들의 고통을 덜기 위해 자궁 속에서 들을 수 있는 어머니의 심장박동 소리와 유사한 북소리를 들려주었다. 그러자 몹시 고통스러워하던 아이들도 몇 분 안에 잠이 들었다고 한다.

여기서 우리는 소리가 태아의 뇌의 전 영역을 활성화해 발육을 촉진하는 것은 물론 발육 과정에서 원치 않게 생기는 고통을 차단하거나 소거하는 역할까지 한다는 것을 알 수 있다. 따라서 바람직한 소리의 자극이야말로 태아에게는 정신적 자양분이나 다름없다.

이처럼 소리가 태아의 뇌를 충전하고 신체발달에 중요한 역할을 한다면, 태아에게 가장 바람직한 소리는 어떤 것일까? 만일 그러한 소리를 찾아낼 수 있다면, 태교의 효과를 최대로 높일 수 있을 것이다.

우선 태아는 어머니의 목소리와 함께 심장박동 소리, 숨 쉬는 소리, 그리고 내장이 움직이는 소리 등 여러 소리를 들을 것이다. 이런 소리가 태아에게 정신적 안정감을 주리라는 것은 말할 것도 없다. 이외에도 외부에서 들려오는 여러 가지 소리들이 있을 것이다.

잃어버린 지혜, 듣기

그렇다면 이런 소리들은 태아에게 어떤 영향을 미칠까? 이와 관련해서 토마티나 과학자들은 먼저 어머니의 몸에서 태아에게 전해지는 소리의 전달체계에 주목한다. 어머니가 말을 하면, 즉 성대가 울리면 후두larynx를 통해 척추에 전해진다. 소리 에너지는 척추를 타고 내려가 다시 장골腸骨, iliac bone과 골반뼈에 전해지고, 그 울림은 태아의 중이中耳에 전달된다. 이때 주목할 것은 어머니의 목소리가 전달되는 척추와 골반이 첼로의 지판과 공명통에 견주어진다는 점이다. 첼로의 지판 위에 있는 현이 떨리게 되면, 그 떨림은 지판을 통해서 공명통에 전달된다. 그때 비로소 우리가 듣는 첼로 소리로 증폭된다. 마찬가지로 척추를 통해서 전해진 어머니의 목소리는 공명통 역할을 하는 골반에서 증폭되어 양수에 전해진다. 한 마디로 여성의 몸은 첼로와 같다는 것이다.

그러고 보면 바이올린이나 첼로, 기타의 몸통이 여성의 몸의 형태에서 왔다는 말이 있다. 첼로나 기타의 공명통을 영어로 'body'라고 부르는 것을 보면 일리가 있어 보인다. 언젠가 비디오 아티스트인 백남준 씨가 한 여성 첼리스트와 함께 뉴욕에서 퍼포먼스를 한 적이 있다. 여성이 나체로 나와 의자에 앉아 첼로를 연주하는가 싶더니 이내 백남준 씨가 등장해 첼로를 치워버리고 대신 그 여성의 몸을 첼로 삼아 활로 연주했던 것. 그렇게 보면 태아는 골반이란 공명통 속에서 크는 셈이다. 태아에게 소리가 얼마나 중요한지를 상징적으로 보여준다고 할 수 있다.

　아마도 사람들 중에는 척추와 골반, 즉 뼈를 통해서 어떻게 소리가 전달될 수 있을까 의아해하는 이들도 있을 것이다. 설명하면 이렇다. 빛은 완전히 빈 우주 공간 속에서도 전달되지만, 소리는 진동을 전달하는 미립자나 분자 등의 물체가 있어야만 전달된다. 이것을 매질이라고 하는데, 매질의 밀도가 높을수록 전달 속도가 빠르다. 이런 이유로 소리는 공기 중에서보다 물속에서 4배나 빠른 속도로 전달되며, 금속에서는 무려 15배의 빠른 속도로 전달된다. 인디언들이 멀리서 오는 이들의 소리를 듣기 위해 땅에 귀를 갖다 대는 것은 그 때문이다. 공기보다 밀도가 높은 땅속에서 훨씬 더 빨리 전달되기 때문이다. 기차가 오는지 알아보기 위해 철로에 귀를 갖다 대는 것도 마찬가지. 공기 중에서는 기차가 오는 소리가 들리지 않지만, 철로를 통해서는 멀리서 오는 소리도 들을 수 있기 때문이다. 이런 식으로 우리 몸의 뼈를 통해서 전달되는 소리는 공기 중에서보다 10배가량이나 빠르다.

　외부의 소리는 어머니의 배를 통과하여 양수를 지나 태아에게 전달되는 동안 줄어들지만, 어머니의 목소리는 척추를 지나 골반에 전해지는 동안 오히려 증폭된다. 첼로의 공명통과 같은 역할을 하는 골반이 척추를 통해서 전해진 소리를 증폭시키기 때문이다. 따라서 태아에게 전달되는 소리 중에서 가장 중요한 역할을 하는 것은 어머니의 목소리일 수밖에 없다.

태아가 소리를 듣는 모습을 보면, 어머니의 목소리를 듣기 위해 자신의 몸을 척추뼈에 기댄다. 척추를 타고 내려온 소리의 진동을 감지하기 위해서다. 임신 말기가 되면 태아는 자신의 머리를 아래로 하여 어머니의 골반뼈에 갖다 댄다. 이렇게 태아는 몸과 몸을 맞댄 골전도bone conduction 방식을 통해 소리를 듣는다.

이러한 사실을 발견한 토마티는 어머니의 목소리를 '소리의 탯줄'에 비유한다. 어머니의 목소리야말로 아이의 발육과 뇌의 충전에 가장 중요한 근원적인 요소라는 것이다. 그뿐만 아니라 이런 어머니의 목소리는 아이에게 최초의 듣기를 가르친다. 이것을 티모시 길모어는 이렇게 말한다.

태아는 뱃속에서 어머니의 목소리를 기다린다. 어머니의 목소리가 들려올 때 기뻐한다. 그리고 다시 어머니의 목소리를 기다린다. 마침내 어머니의 목소리가 들려오면 기뻐한다. 이렇게 기다림과 기뻐함이 반복된다. 토마티는 이 과정을 '자궁 속의 대화'라고 부른다. 최초의 듣기가 시작되는 것은 바로 이 과정이다. 태어난 후에도 이 과정은 계속된다. 나중에 발달하는 대화 기술, 언어 습득, 학습 능력, 특히 사회 적응 등은 초기 듣기의 질에 달렸다.44)

어머니의 목소리가 키우는 아이의 뇌

태아는 어머니의 목소리를 안다. 어머니들은 이것을 잘 알기 때문에 아이에게 말을 걸고 노래도 들려준다. 이제 우리는 왜 인디언 여성들이 새소리나 동물 소리를 자기 입으로 직접 소리 내거나 흉내 내서 태아에게 들려주는지 이해할 수 있다. 공기를 통해 전해지는 새소리나 자연의 소리는 어머니의 배를 통과하는 동안 희미해질 수밖에 없지만, 어머니가 직접 성대를 울려 낸 소리는 그보다 훨씬 더 큰 소리로 증폭되어 태아에게 전달되기 때문이다.

물론 아직 태아는 어머니의 목소리에 담긴 메시지의 의미를 알지 못한다. 다만, 그가 이해하는 것은 메시지에 담긴 감정이다. 기쁨과 평온, 따뜻함, 사랑, 희망, 성취 등의 감정을 실어 나르는 어머니의 목소리는 태아의 듣고자 하는 욕망을 부추긴다. 반대로 걱정과 근심, 불안과 두려움 그리고 분노의 감정이 섞인 어머니의 목소리는 그 욕망을 꺾어버린다.

인디언 여성들은 이런 구체적인 사실들은 알지 못했지만, 태아에게 이야기를 들려줄 때면 늘 노래와 가락에 실어서 들려주었다. 그것도 사랑을 듬뿍 담아서. 어머니와 아이의 교감이 얼마나 깊었을지 짐작할 수 있다.

만약 아이를 음악가로 키우고 싶다면, 어떻게 해야 하는지 알 수

---

44) Joshua Leeds, *Sonic Alchemy*, 1997, p.35.

잃어버린 지혜, 듣기

있을 것이다. 태아에게 노래를 들려주고자 한다면 똑바로 선 자세나 앉은 자세가 좋다. 성대를 울려 나는 소리가 골반에서 가장 큰 공명을 일으키기 때문이다. 태교를 할 때도 산모가 누운 상태에서 태아와 대화하는 것은 효과가 떨어진다. 어머니가 시끄러운 노래방이나 장소에 가는 것도 아이에게 좋지 않은 영향을 끼친다. 일본 나리타 공항 근처에서 태어난 아이들과 그곳에서 임신한 뒤 다른 곳에서 출생한 아이들의 몸무게를 비교해 보니, 나리타 공항 근처에서 태어난 아이들의 몸무게가 더 작게 나왔다고 한다. 이것은 어른들이 공항의 소음에 스트레스를 받듯 아이들도 뱃속에서 스트레스를 받고 있다는 것을 의미한다.

그렇다고 어머니가 너무 조용한 곳에 있는 것도 좋지 않다고 한다. 태아는 새로운 소리에 민감하게 반응하기 때문이다. 그뿐만 아니라 태아는 어머니를 통해 바깥 세상의 새로운 소리에 관심을 갖고 귀를 기울인다. 토마티가 밝힌 것처럼, 소리가 가진 가장 중요한 기능 중 하나는 바로 뇌를 충전시켜 활성화하는 것인데, 이를 위해서는 적당한 소리의 자극이 있어야 한다. 마치 우리가 새로운 경험에 흥분하고 즐거워하는 것처럼 말이다. 뇌가 활성화될 때 발육은 물론 태아의 머리도 좋아진다.

그렇다면 태아에게 가장 효과적인 소리는 어떤 것일까? 물론 정답은 어머니 목소리다. 그러나 인디언 여인들이 어머니의 목소리에 늘 가락을 붙여 들려주었던 것을 감안하면 단순히 어머니의 목소리를 들려주는 것만으로는 뭔가 부족하다고 할 것이다. 기왕이면 태아에게 이야기를 들려줄 때 노래까지 곁들이는 것이 좋다. 노래하는 악기의 공명통 속에 태아가 들어 있다고 하지 않는가! 만일 그렇게 해줄 수 없는 상황이라면, 차선책으로 오디오 음악도 좋다. 특히 아침마다 몇 분간 평온한 음악을 들려주는 것도 태아에게 매우 좋다고 한다.

토마티는 태아에게 적당한 음악으로 모차르트, 그레고리안 성가, 바로크 음악, 찬트, 민요나 옛 가락을 꼽았다. 이런 곡들은 어머니의 불안과 두려움을 없애고, 태아에게는 콘서트에서 음악을 듣는 것 같은 즐거움을 선사한다고 한다. 이런 음악은 아이가 태어난 후에도 계속 들려주는 것이 좋다. 조용하고 평화로운 음악을 함께 듣는 것만으로도 자연스럽게 어머니와 아이가 서로에게 귀를 기울이고 대화할 수 있는 기회가 생기기 때문이다. 또 이런 음악들은 임신한 여인의 분만을 도와주는 것으로 알려져 있다. 일반적으로 단순한 의학적 조치만으로는 분만이 평균 4시간 정도 걸리는데, 전통적인 호흡법과 긴장이완법을 도입하면 3시간 30분 정도 걸린다고 한다. 그런데 이런 호흡법과 긴장이완법과 함께 임신한 어머니와 태아에게 도움이 되는 음악을 들려주면 분만시간이 2시간 30분 정도로 줄어든다고 한다. 초산을 하는 산모들에게 이런 음악을 들려주면 제왕절

개 수술에 대한 요구가 30% 정도 줄어든다. 특히 임신 8개월 된 어머니의 불안과 두려움을 줄여주는 효과가 있다고 한다. 이렇게 음악 태교를 한 아이들은 그렇지 않은 경우보다 회임 기간이 3일 정도 더 길며, 아이의 몸무게도 더 나간다고 한다. 또 출생 후 다른 아이들보다 빨리 걷고 독립적으로 큰다고 한다.[45]

일반적으로 태아는 500Hz 전후의 주파수보다는 2000Hz 전후의 주파수에 5배나 민감하게 반응한다고 한다. 이것은 태아가 낮은 음보다는 높은 음에 더욱 민감하게 반응한다는 것을 뜻한다. 그런 점에서 여성(어머니)의 목소리가 남성(아버지)의 목소리보다 높다는 것은 매우 상징적이다. 태아에게 아버지보다 어머니가 더 필요하다는 뜻이다.

토마티는 우주의 근원적인 소리라고 하는 인도의 '옴Om' 소리가 오른쪽 귀에 들리는 뼈의 진동소리에 가장 가깝다고 한다.[46] 태어나 아이가 처음 배우는 소리는 '엄마'다. 이 엄마의 '엄'은 인도의 '옴'과 같은 근원을 가진 소리다. 아이는 어머니의 뱃속에서 가장 많이 듣는 소리를 통해서 어머니의 존재를 인식한다. 바로 엄마의 '엄'이 그런 소리다. 따라서 어머니가 직접 소리를 들려주는 것이 태아

---

45) Pierre Sollier, *Listening for Wellness*, 2005, p.290ff.
46) Tomatis, *The Ear and The Voice*, 2005, p.10.

의 발육이나 정서에 얼마나 중요한가를 알 수 있다. 어머니의 언어를 모국어라 하는 것은 그 때문이다.

토마티는 말한다. 아이에게 따뜻한 가슴과 삶에의 욕망, 목소리를 주는 것은 바로 어머니라고. 어머니의 목소리는 태아에게 천사의 소리요, 신의 소리와 같다고.

그런데 앞의 태아 그림(134쪽)에서 보듯이, 태아는 어머니 뱃속에서 몸을 움츠리고 머리를 아래로 하고 다리를 위쪽으로 하고 있다. 왜 불편하게 이런 자세를 하는 것일까? 태아의 이러한 모습은 마치 박쥐가 동굴의 천장에 매달려 있는 모습을 연상시킨다. 영적 교사들에 의하면, 천장에 거꾸로 매달려 있는 박쥐의 모습은 새로운 정신적 탄생, 또는 영적 입문을 상징한다고 한다. 그렇다면 어머니의 자궁에서 거꾸로 있는 태아 역시 새로운 정신적 탄생이나 영적 입문을 준비하는 것은 아닐까?

태아 영혼의 시각에서 본다면, 태아는 이 세상에 오기 위해 어머니의 뱃속에서 준비하고 있다. 마치 영혼벌레가 천상 영혼의 나무 둥지에서 세상에 오기 위해 동물 어머니의 젖을 먹으며 기다리듯이. 새로운 세상으로 나아간다는 것은 누구에게나 낯설고 조심스러운 일이다. 영계에서 이 세상으로 오는 태아의 영적 여행 역시 마찬가지다.

그래서일까? 고대의 산파 들은 거의 대부분 여자 샤만이었다. 죽은 뒤 영혼이 영계로 가는 영적 여행이 낯설고 위험한 것이듯, 새로운 탄생을 위해 영혼이 영계에서 이 세상으로 오는 것 역시 낯설고 위험한 것이기 때문이다. 그래서 영적 안내자, 인도자가 필요했다. 이런 이유로 샤만이 죽은 이의 영혼을 저승으로 데려다주듯, 산파들은 이 세상으로 오는 태아의 영혼을 잘 데려와 이 세상에 편안히 안착할 수 있도록 도와주었다. 흔히 산파는 단순히 아이를 받는 사람이라고 생각한다. 그러나 산파의 역할은 오히려 태아의 영혼이 무사히 세상에 도착하도록 인도하는 데 있다. 마야나 남미의 산파도 그렇고, 동남아시아의 말레이시아나 인도네시아, 유라시아, 아메리카나 아프리카의 산파도 그렇다.

그렇다면 태아는 단순히 뱃속에서 출생의 때를 기다리고만 있는 것일까? 태아는 얼핏 어머니 뱃속에서 편안히 영양을 섭취하며 자라고 있는 것 같지만, 실제로는 앞으로 태어나 들어갈 세상의 소리에 늘 귀를 기울이고 있다고 할 수 있다. 그것도 자궁 속에 거꾸로 있으면서, 눈과 다른 감각기관은 닫고 오직 귀만을 열어둔 채. 이런 태아의 모습은 우리가 내면의 소리를 듣기 위해 눈을 감고 명상하는 모습과 닮았다. 명상 속에서 가만히 눈을 감고 다른 감각기관을 다 끈 채 오직 귀만을 열어두고 있는 것이다.

실제로 인도네시아 자바의 샤만이며 아기를 밴 산모인 한 여성은 태아가 뱃속에서 어머니의 목소리와 외부의 소리에 귀를 기울이고 있는 것을 가리켜 '태아가 명상하는 것'이라고 말한다. 그녀는 자신의 뱃속의 태아에게 이렇게 말한다. "태아야, 이제 나는 네가 내 뱃속에서 해온 아홉 달 동안의 명상을 마무리하게 해줄 것이다. 편안하게 쑥 나오거라."[47]

인디언 어머니들이 조용한 숲길이나 호숫가를 거닐며 태아에게 노래나 가락에 실어 이야기를 들려주는 것은 그들 역시 뱃속의 아이가 명상하고 있다고 생각하기 때문은 아닐까? 명상은 시끄럽고 번잡한 곳에서는 할 수 없기 때문이다. 그런 소리들은 안으로 깊이 들어가는 데 방해가 될 뿐이다. 인디언들이 태교와 교육의 핵심을 '듣기'에 두고 있는 것 역시 상징적이라고 할 수 있다. 조용히 눈을 감고 박쥐처럼 거꾸로 매달려서 새로운 탄생, 입문을 준비하며 귀를 기울이는 것. 그것이야말로 가장 효과적인 명상 방법 중의 하나이기 때문이다.

어머니 뱃속에서 얌전하던 아이는 태어난 후에도 역시 조용하고 침착하지만, 뱃속에서 까탈스럽던 아이는 역시 태어난 후에도 까탈스럽고 어머니를 고생스럽게 한다는 이야기가 있다. 그 차이는 아마도 임신 중에 어머니가 어떤 환경과 감정 상태에 있었는가와 무관하지 않을 것이다. 산모가 시끄럽고 소란스러운 환경에 자주 노출되어

---

47) Barbara Tedlock, *The Woman in the Shaman's Body*, 2005, p.219.

잃어버린 지혜, 듣기

있었다거나 감정적으로나 심리적으로 매우 불안한 상태에 있었다면, 태아의 명상은 자주 방해를 받았을 것이고 그의 심리 상태 또한 불안정한 상태에 있었을 것이기 때문이다.

소리의 재탄생과
모차르트 효과

자궁 내 태아가 최초로 얻게 되는 감각적 경험은 소리와 진동이다. 태아는 거의 무중력 상태에서 양수 속에 떠 있다. 태아의 코와 입안은 양수로 가득 차 있으며 냄새와 맛은 느낄 수 없다. 눈은 닫혀 있고 어둠 속에 있다. 따라서 시각은 작동하지 않는다. 귀 속에도 양수로 차 있으며 고막을 압박한다. 이 시기에 우리가 경험하는 소리의 심포니는 우리의 마음 깊이 각인될 것이고, 그것은 우리의 삶에 깊은 영향을 미칠 것이다.

그렇다면 이 시기에 태아가 듣는 소리는 어떤 것일까? 태아는 어머니의 목소리뿐 아니라 심장박동 소리, 위와 내장이 움직이는 소

잃어버린 지혜, 듣기

리, 밀물과 썰물처럼 들어왔다 나갔다 하는 숨 쉬는 소리를 듣는다. 그러한 소리는 우리가 최초로 경험하는 '시원始原의 소리'라고 할 수 있다.

그뿐만 아니라 태아는 외부의 온갖 소리를 듣는다. 어머니 곁에서 이야기하는 다른 여인의 소리며, 운전 중이라면 엔진에서 나는 소리, TV를 보고 있다면 TV에서 나는 소리도 듣는다. 오디오가 틀어져 있다면 그 소리도 듣는다. 식사를 하느라 수저를 들고 딸그락거리는 소리까지. 그렇게 일상에서 나는 거의 모든 소리를 듣는다고 할 수 있다. 온갖 소리에 노출된 태아의 상황은, 숲속에서 계곡의 폭포 소리만을 구별하여 듣는 것과 유사하다. 태아는 전생의 기억 때문에 소리의 폭포 속에서 의미 있는 감각적 의미들을 찾아낸다고 한다.[48] 하지만 태아는 소리의 폭포 속에서도 어머니의 목소리를 들을 때 가장 편안해한다고 한다. 토마티는 이때 태아가 듣는 어머니의 목소리는 황혼 무렵, 숲속에 있을 때 들리는 소리 - 멀리서 부르는 동물의 소리, 메아리, 이따금씩 들리는 나뭇잎 부스럭거리는 소리, 물결처럼 포개지는 소리 - 와 매우 유사하다고 한다.[49] 태아는 이러한 소리로부터 안정감과 편안함을 느끼며 그 속에서 꽃송이가

48) Tomatis, *The Ear and The Language*, 1996, p.56.
49) Tomatis, *The Conscious Ear*, 1991, p.128.

서서히 개화하듯 조화롭게 발달한다.

그런데 이것은 전적으로 귀가 소리를 걸러내는 필터의 역할을 하기 때문이다. 만일 귀에 이러한 기능이 없다면 우리는 소음에 노출되어 질식해버리고 말 거라고 한다. 토마티는 이것을 신의 은총이라고 말한다. 그래서 원치 않는 소리나 듣고 싶지 않은 소리는 모두 걸러내고 우리가 듣기 원하는 소리만 들을 수 있다고, 그리고 이런 방식으로 낮은 음들을 억제한다고.

그런데 태아가 어머니의 뱃속에서 듣는 여러 소리 중에서 특별히 주목할 것이 있다. 바로 어머니의 심장박동 소리다. 심장박동 소리는 반복적인 일정한 리듬을 가졌는데, 놀랍게도 태아에게 안정감을 준다는 사실이 밝혀졌다. 그 소리는 밤낮으로 아이를 부드럽게 흔들어준다. 마치 요람이나 해먹에 눕힌 아이를 일정하게 흔들어주듯이. 그렇게 어머니의 심장박동 소리는 임신 기간 동안 태아의 몸에 리듬을 준다. 그리고 그것은 훗날 아이가 갖게 될 자신의 신체 이미지와 근육 운동, 언어 그리고 춤에의 반응 등의 길을 예비한다.

따라서 어머니의 심장박동이 매우 빠르다면 아이는 빠른 생활리듬을 가지게 될 것이고 반대로 어머니의 심장박동이 보통 사람들보다 느리다면 아이는 느린 생활리듬을 가지게 될 것이다. 이렇게 어머니와 아이는 소리를 통해서 긴밀하게 연결되어 있다.

잃어버린 지혜, 듣기

아이는 태어난 후 어머니의 목소리를 기억한다. 앙드레 토마는 태어난 지 10일 된 아이 – 그때까지 태아의 중이와 유스타키안 튜브에는 아직 물이 차 있는데 어머니 뱃속에 있을 때 듣는 것과 거의 동일한 상황이다 – 가 소리에 어떤 반응을 보이는지 알아보기 위해 재미있는 실험을 했다.[50] 아이를 테이블 위에 눕혀놓고는, 어머니를 포함한 어른들이 테이블 둘레에 모여 그의 세례명을 부른다. 어른들이 차례로 그의 이름을 불렀지만 아이는 전혀 반응이 없었다. 그때 어머니가 그의 이름을 부르자 태아는 즉시 고개를 움직여 어머니 쪽으로 향했다. 이 실험은 여러 번에 걸쳐 반복되었는데 결과는 언제나 같았다고 한다. 이것은 마치 콘래드 로렌츠가 기러기를 부화시킬 때 겪은 일을 연상시킨다. 부화한 기러기들이 그의 목소리가 들릴 때마다 일제히 그를 향해 고개를 돌렸다는.

이 실험을 통해 우리는 태아가 뱃속에서 어머니의 목소리를 정확히 기억하고 있다는 것을 알 수 있다. 태아에게 어머니의 목소리는 그가 아는 유일한 소리다. 어머니들 또한 이것을 아는지 출산 후으레 아이를 가슴에 안거나 무릎에 올려놓고 자장가를 부른다. 그러면 아이는 행복한 표정을 지으며 새근새근 잠이 든다.

---

50) Tomatis, 앞의 책, 1991, p.126f; Pierre Sollier, *Listening for Wellness*, 2005, p.273; Paul Madaule, *When Listening Comes*, 1994, p.70.

그렇게 태아와 어머니의 관계는 절대적이다. 만일 어머니 목소리와의 관계가 파괴되면 태아는 감정적 언어적 혼란을 겪는다. 어디 태아뿐이랴. 아이들은 물론이고 성인의 경우에도 어머니의 목소리는 그 어떤 소리와도 비교할 수 없는 신성한 의미를 지닌다. 마치 어머니의 존재가 우리에게 절대적 의미를 가지듯이. 토마티는 아이들이 건강하게 탄생한 후에도 부모가 아이와 자주 대화하는 것이 매우 중요하다고 말한다. "아이들은 부모의 깊고 지혜로운 목소리를 아는 것이 틀림없다. 때문에 가족이 같이 먹고 이야기를 나누고 함께할 시간을 가지지 못한다면, 그런 가정에서 자란 아이는 정상적인 자연스러운 모습으로 자라기 어려울 것이다."[51] 아이를 잉태하고 낳아 기르는 어머니와 아이의 관계는 그처럼 신비롭고 깊다. 마치 우리들 각각에게 존재의 의미를 부여하는 신과의 관계처럼.

어머니 뱃속에서 태아는 양수를 통해서 듣는다. 그러나 출생 후 10일이 지나면 아이의 중이와 유스타키안 튜브에 차 있던 물이 완전히 빠지면서 공기를 통해서 듣게 된다.[52] 소리를 듣는 환경이 근본적으로 바뀌는 것이다. 무엇보다 중이에 차 있던 물이 빠지면서

---

51) Don Campbell, *The Mozart Effect*, 1997, p.22.
52) 중이의 양수가 10일이 지나면 완전히 빠지는 것과 달리, 내이에 차 있던 양수는 출생 후 9개월 동안 계속 차 있다. 따라서 양수 속에서 소리를 듣던 태아의 귀는 거의 1년이 지난 뒤에야 공기 속에서 듣게 된다.

잃어버린 지혜, 듣기

자궁 속에서 높은 음의 주파수를 듣는 데 적응되어 있던 아이의 귀는 높은 음의 주파수를 듣는 능력을 상실한다. '소리의 그늘'로 불리는 이 시기에 아이는 거의 아무것도 듣지 못한다. 그동안 자궁 속에서 높은 음의 주파수를 듣도록 긴장되어 있던 근육이 풀리면서 아이는 이내 깊은 수면에 빠져들게 된다. 이제 그는 변화된 소리 환경에 적응하기 위해 모든 에너지를

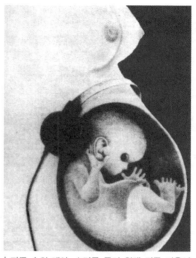

| 자궁 속의 태아. 소리를 듣기 위해 귀를 기울이는 모습. Pierre Sollier, 《Listening for Wellness》, 2005.

사용하기 시작한다. 이 기간은 어머니의 목소리를 재인식하게 될 때까지 몇 주가 걸린다고 한다. 그렇게 공기를 통해서 듣는 것에 적응하면서 아이의 귀는 소리의 세계에 열리게 되고 마침내 300Hz에서 800Hz의 낮은 소리를 듣기 시작한다.

그와 함께 태아는 고막의 강도를 조절해 자궁의 어둠 속에서 그를 사랑하고 정신적 육체적 자양분을 주었던 '변화된' 어머니의 목소리에 채널을 맞추기 시작한다. 자궁 속에서 둔탁하게 들리던 소리는 갑자기 밝아지며 또렷해진다. 여기서 우리는 어머니가 아이에

게 들려주는 자장가에 대해 좀 더 이해할 필요가 있다. 왜냐하면 자장가야말로 어머니가 갓난아이에게 들려줄 수 있는 최상의 정신적 자양분이기 때문이다. 그 소리는 부드러운 리듬과 멜로디를 갖고 있다. 아이는 자장가를 듣는 동안 정서적으로 안정될 뿐 아니라 낙원에 있는 것 같은 편안함을 느낀다. 칭얼대던 아이도 어머니가 들려주는 자장가 소리에 얼마 안 가 스르르 잠이 들고 만다. 그렇게 아이는 어머니 품에서 이 세상의 공기와 분위기와 살가움에 적응한다.

전 세계 원주민들 가운데 자장가 없는 민족은 없다. 왜냐하면 자장가야말로 어머니 뱃속에서 듣는 데 익숙해져 있던 아이가 배에서 나와 새로운 세상에 적응해가는 동안 그를 정서적으로 안정시켜주기 때문이다. 아이가 태어나는 과정은 영혼이 육신을 받아 이 세상에 오는 영적 여행이다. 어머니 뱃속에 있던 9개월이 세상에 와 사용할 몸을 만드는 과정이라면, 갓 태어나서의 1년은 달라진 환경에 적응해가는 과정이라고 할 수 있다. 이 과도기, 또는 이행기의 시기야말로 아이의 미래를 결정한다고 해도 과언이 아닐 만큼 그는 많은 변화를 겪는다.

우선 아이는 이 세상의 감당하기 어려울 정도로 큰 소리 세계에 조금씩 적응하기 시작한다. 아이를 낳으면 저절로 크는 것 같지만, 이 과정은 생각보다 매우 복잡하고 미묘하다. 그런 만큼 많은 도전과 장애가 도사리고 있으며 아이를 돌보는 어머니에게도 그만큼 주

잃어버린 지혜, 듣기

의가 요구되는 시기라 할 수 있다. 이 시기에 아이는 어머니의 따뜻한 포옹과 자궁의 어둠 속에서 듣던 친숙한 소리로부터 위로를 받으며 심리적으로 안정을 얻는다. 아이가 배고파 울면 어머니는 즉시 달려가 아이를 안고 젖을 물린다. 다정한 목소리로 아이를 어르거나 자장가를 들려준다. 이때 어머니가 다정한 목소리로 들려주는 소리, 또는 노래는 아이가 젖을 빨아 신체의 발육에 필요한 영양분을 흡수하는 것과 마찬가지로 정신의 자양분이 된다. 바로 이 과정으로부터 아이는 언어를 배우기 위한 단계로 이행한다.

세계 여러 나라의 자장가를 들어보면 대부분 단순한 두세 마디의 리듬을 반복하는 형태로 되어 있다. 매우 단순해서 깨어 있는 사람이 들으면 졸음이 올 정도다. 이런 자장가는 아이를 편안함의 '엑스터시'로 인도한다. 아이는 낯선 세상으로부터 어머니 뱃속으로 돌아간 듯한 안락함과 평화로움을 느낀다. 자장가는 일종의 명상 음악인 셈이다. 세상의 혼란함 속에서 내적 안정을 취하게 해줄 뿐 아니라 정신적 자양분이 되어 줌으로써 심신이 모두 건강한 아이로 자라게 해주기 때문이다.

실제로 어머니가 들려주는 자장가를 많이 듣고 자란 아이는 정서적으로 안정되어 있을 가능성이 크다. 어머니와의 관계도 훨씬 더 깊은 친밀감을 유지한다. 갓 태어난 아이는 누구보다도 어머니의 보호와 돌봄을 필요로 하는데, 자장가야말로 아이를 안심시켜주기 때문이다. 그러고 보면 장성해 성공한 사람 중에는 놀랍게도 어렸을 적 어머니나 할머니가 불러주던 자장가를 기억하는 이들이 많다.

자장가를 불러주며 아이의 몸을 적당히 마사지하면, 아이는 더욱 만족감을 느끼며 편안해 하는 것으로 알려졌다. 당연히 잠도 잘자고, 건강하게 자란다. 어머니가 아이에게 자장가를 불러주는 시기는 정확히 아이가 공기 속에서 듣는 새로운 소리 환경에 적응해가는 시기다. 이 과정이 순조롭게 진행되지 않았거나 어머니의 각별한 보호와 사랑을 받지 못했을 경우에, 나중에 여러 가지 문제가 발생하리라는 것은 두말할 필요가 없다. 아이가 지나치게 산만하거나 말을 잘 알아듣지 못하고 딴청을 부린다든지, 말을 잘 하지 못하고 더듬거리는 경우가 여기에 속한다고 한다. 심할 경우 자폐증이 올 수도 있다고 한다. 이런 경우는 듣기의 과정으로 이행할 때 문제가 있었을 가능성이 있다.

토마티는 이러한 태아 연구와 자신의 '듣기 센터'를 찾아온 10만 명 이상의 환자들에 대한 임상 경험을 바탕으로 '소리의 재탄생Sonic Rebirth'이란 프로그램을 만들었다. 어머니의 뱃속에서 소리를 듣던 환경에서, 출생 이후의 공기 속에서 듣는 환경으로 점진적으로 옮겨가게 함으로써 정상적인 듣기와 말하기 능력을 회복하도록 하기 위해서였다. 먼저 어머니의 목소리를 녹음한 후 8000Hz 이하의 소리

잃어버린 지혜, 듣기

를 소거한 뒤 들려준다. 이렇게 함으로써 그는 양수 속에서 듣던 어머니의 목소리에 가장 가까운 소리를 재현한다. 낮은 음이 소거된 어머니의 이런 목소리에 대해 사람들은 마치 손톱으로 벽을 긁는 것처럼 들린다고 하기도 하고, 귀뚜라미나 매미 우는 소리처럼 들린다고 말하기도 한다. 자궁 속에서 듣는 어머니의 목소리가 이런 식으로 들리는 것은 폭포 옆에서 어머니의 목소리를 듣는다고 생각해보면 이해가 될 것이다. 어머니의 목소리는 폭포 소리에 필터링되어 낮은 소리는 안 들리고 높은 소리만 간간이 들린다.

헤드폰을 끼고 이렇게 낮은 음이 소거된 어머니의 목소리를 듣게 되면 아이는 자궁에 있던 태아 시절의 기억이 되살아나게 된다. 그런 다음 점진적으로 어머니 목소리의 소거 정도를 줄여나가면서 공기 속에서 듣는 소리로 옮겨간다. 이렇게 할 경우 환자의 상태는 상당히 개선된다고 한다.

다음은 토마티가 이 소리의 재탄생 프로그램을 처음으로 실험한 이야기다.

나는 목소리 문제를 갖고 있던 친구 가족에게 나의 이론을 적용해보기로 했다. 그는 깜짝 놀라며 몇 번이고 다시 설명해줄 것을 요구했다. 우리는 장시간 동안 태아에게 들리는 소리 정보에 상응하는, 동화 속의 소리처럼 들리는 신비로운 소음에 귀를 기울렸다. 그런 다음 내가 '소리의 재탄생'이라고 믿는 것을 그에게 보여주었다. 그때 갑자기 방에서 매우 흥분하여 고조된 목소리가 들렸다. 그것은 9살짜리 어린 소녀의 목소리였다. 우리는 그녀의 존재를 완전히 잊고 있었다.

"나는 터널 속에 있어요. 그 끝에 두 천사가 흰옷을 입고 서 있는 게 보여요."

소녀는 꿈을 꾸듯이 계속 이야기했다. 나와 친구는 놀라움 속에서 그녀를 바라보았다. 나는 순간 그녀가 말하는 것이 무엇을 뜻하는지 깨달았다. 그녀는 자신의 탄생의 과정을 보고 있었다! 그녀는 어머니의 산도를 빠져나오고 있었고, 그 끝에 서 있던 두 천사는 흰 가운을 입은 의사와 산파였다.

몇 분 후 소녀는 어머니를 보았다고 말했다. "지금 엄마가 보여요!"

그러자 깜짝 놀란 그녀의 아버지가 말했다. "엄마가 보인다고! 엄마가 보인다고! 그래, 엄마가 어떻게 하고 있든?"

아버지는 몹시 흥분했다. 그때 소녀가 말했다. "이렇게요." 그녀는 뒤로 누워 어머니 뱃속에서 나올 때의 태아의 자세처럼 몸을 웅크렸다. 그리고 테이프에서 소리가 끝날 때까지 꼼짝하지 않았다. 테이프가 끝나자 그녀는 벌떡 일어나 아무 일도 없었던 것처럼 평상시의 행동으로 돌아갔다.

잃어버린 지혜, 듣기

그때 비로소 나는 그녀의 출생 당시의 조건을 정확히 구현했음을 깨달았다. 그것은 내가 나중에 '소리의 재탄생'이라고 부르게 될 것으로, 양수 속에서 듣는 것으로부터 공기 속에서 듣는 것으로의 이행 과정을 돕는 프로그램이다.[53)]

프로그램의 초기 단계였지만, 친구의 딸은 그가 틀어놓은 테이프의 소리를 듣고 자신의 탄생 과정을 꿈꾸듯 눈으로 보았다. 이것은 어떤 종류의 소리 정보는 우리의 마음 깊은 곳에 있는 기억을 깨운다는 것을 보여준다. 토마티스는 이 사건으로부터 어머니의 뱃속에서 듣던 소리는 보다 안정되고 편안한 심리적 효과를 줄 수 있으며, 심리적·병리적 문제들을 치료할 수 있다는 것을 확신하게 된다. 이러한 그의 확신은 젊은 정신분석학자인 베르나르 디 박사와 만나면서 구체화되었다.

그는 내게 환자 한 명을 데려왔다. 그는 12살 된 사내아이로 살이 쪄 몹시 뚱뚱했는데, 매우 활력이 넘치는 아이였다. 그가 어찌나 고함과 비명을 지르던지 내 대기실의 손님들은 모두 그를 피해 다른 방으로 갈 정도였다. 그는 5, 6초마다 공중으로 높이 뛰

53) Tomatis, 앞의 책, 1991, p.130f; Don Campbell, 앞의 책, 1997, p.19f.

어올랐는데, 두 발이 등에 가 닿을 정도였다. 나는 한 번도 그런 모습을 본 적이 없었다. 그는 말은 없었지만, 얼굴은 잠시도 가만히 있지 못하고 뭔가를 흉내 내었다. 입으로는 끊임없이 무언가를 빠는 듯했다. 그의 어머니가 함께 왔으나 자석의 같은 극이 마주치기라도 한 것처럼 그녀를 밀쳐내었다.

그때 베르나르 디 박사의 스승인 프랑스와즈 돌토가 와서 내게 말했다.

"그는 정신분열증 환자입니다. 그러나 질병의 원인이 무엇인지는 잘 모릅니다. 내가 당신에게 말씀드릴 수 있는 것은 그와 같은 아이들은, 심리학적으로 말해서 '아직 태어나지 않았다'는 것입니다."

"아직 태어나지 않았다니요?" 내가 말했다. "당신은 나를 혼란스럽게 하는군요. 나는 태아의 생활과 탄생에 대해서 연구하는 중입니다."

그녀가 말했다. "알고 있습니다. 그게 바로 아이를 이곳에 데려온 이유입니다. 당신이 우리를 도와줄 수 있을 거라고 생각합니다. 우리 같이 시작해볼까요?"

나는 기꺼이 동의했고 소년의 어머니에게 실험을 위해 그녀의 목소리를 녹음해 달라고 부탁했다. 그녀는 약 20분 정도의 음성을 녹음해왔다.

잃어버린 지혜, 듣기

베르나르 디 박사와 프랑스와즈 돌토, 소년과 그의 어머니가 다시 실험실에 함께 모였다. 소년의 어머니가 한쪽 벽 앞에 앉아 있는 동안, 소년은 반대편 벽 쪽 바닥에 누워 사무실에서 주운 분 필로 바닥에 낙서를 하고 있었다. 두 정신분석가도 소년의 어머니 곁에 자리를 잡았다. 나는 장비를 가동시키기 위해 문 옆에 서 있었다.

나는 첫 번째 만남에서 소리의 재탄생 프로그램을 시도하고 싶지 않았다. 대신 태아가 자궁 속에서 듣는 소리와 비슷한 낮은 음이 소거된 소리, 특히 어머니의 목소리를 들려주었다. 그 소리 는 매우 환상적이었으며 나뭇잎이 부스럭거리는 소리처럼 들렸 다. 나는 소년에게 직접적인 소리 자극을 주기 위해 스피커를 그 의 머리 쪽으로 돌려놓았다.

그때였다. 갑자기 소년이 바닥에 낙서하던 것을 멈추더니 벌떡 일어나 전등 스위치를 껐다. 눈깜짝할 사이에 실내는 어둠 속으 로 빠져들었다. 나는 순간 숨을 쉴 수가 없었다. 그의 행동을 이 해하는 것은 어렵지 않았다. 태아 시절과 같은 빛의 조건을 만들 고 싶었던 것이다.

테이프의 소리가 계속되자 소년은 일어나서는 그의 어머니에 게 갔다. 그녀의 무릎에 앉더니 그녀의 팔을 당겨서는 그를 감싸 게 했다. 그러고는 자신의 엄지를 빨기 시작했다. 그는 테이프가 끝날 때까지 그 자세로 있었다. 그는 어머니의 몸속으로 돌아가 있는 것 같았다. 이러한 행동은 매우 놀라웠다. 그는 무려 지난 10년 동안 어머니의 존재를 알지 못하는 것처럼 보였기 때문이다.

테이프의 소리가 끝나자 소년은 일어나 전등의 스위치를 켰다.

프랑스와즈 돌토가 말했다. "아주 흥미로웠습니다. 좀 더 계속할 수 있을까요?"

나는 말했다. "일주일 후에 다시 만납시다. 그때는 소리의 재탄생 프로그램을 시도해보겠습니다."

일주일 후 우리는 두 번째로 다시 만났다. 소년의 어머니는 아이가 좀 나아진 것 같다고 말했다. 그는 몇 번이나 그녀의 어머니를 향해 다가갔고, 그녀의 얼굴을 애무하기까지 했다. 소년의 이러한 변화는 매우 고무적인 것이었다. 우리는 더 이상 망설일 이유가 없다는 것을 알았다.

소리의 재탄생 프로그램을 시작했을 때, 초반에는 첫 번째 만남과 비슷했다. 그는 바닥에 누워 낙서를 하다가 테이프에서 소리가 들리자 벌떡 일어나 전등을 껐고, 어머니에게 가서는 태아의 자세로 그녀의 무릎에 앉아 자기의 엄지손가락을 빨았다. 그런데 자궁의 물속에서 듣던 소리로부터 자궁 바깥의 공기 속에서 나는 소리로 스위치를 옮기자 소년은 새로운 반응을 보이기 시작했다. 그는 갑자기 떠듬거리며 말하기 시작했다. 재잘거림은

잃어버린 지혜, 듣기

그 자체가 표현의 형태다. 그때까지 잠자고 있던, 어머니와 대화하고 싶은 그의 욕망을 일깨운 것이다. 소년은 온갖 종류의 소리를 내기 시작했다. 우리는 비로소 소년이 진정한 언어적 탄생을 하고 있음을 알았다.

소년은 프로그램이 끝나자 소년은 다시 똑바로 서더니 전등을 켰다. 이번에는 어머니에게 돌아가 그녀의 어깨에 걸쳐 있던 외투의 단추를 채우기 시작했다. 그때 프랑스와즈 돌토가 내게 말했다.

"바로 그겁니다! 그는 마침내 태어났습니다!"

그의 행동은 경험 많은 정신분석학자라면 놓칠 수 없는 매우 상징적인 어떤 것이었다. 그는 그의 뒤에 있는 방문을 닫은 것 같았다. 이제 영원히 그로부터 떠나기로 결정이라도 한듯이. 그랬다. 그는 자궁을 떠났고 다시는 그곳으로 되돌아가지 않았다.54)

앞의 두 이야기는 소리의 재탄생 치료의 전형적인 이야기다. 이 치료를 통해 어머니의 목소리가 태아에게 얼마나 중요한 감정적 자양분을 제공하는지 확인할 수 있다. 임신과 출산 전후, 아이의 감정적 연결고리에 문제가 생겼을 때 아이는 언어 및 뇌의 발달에 치명

---

54) Tomatis, 앞의 책, 1991, pp.133-135; Don Campbell, 앞의 책, 1997, p.20f.

적인 장애를 갖게 될 수도 있기 때문이다.

필터링된 어머니의 목소리는 잃어버린 감정의 연결고리를 회복하는 것을 도와준다. 특히 산만하고 집중력이 떨어지며 학습이 지체된 아이들일수록 놀라운 효과를 보이는 것으로 알려져 있다. '소리의 재탄생' 프로그램을 거친 아이들은 다른 사람들과 사귀고 친해지려는 욕망을 보였으며, 학교 생활과 집에 돌아와 숙제를 하는 것도 전혀 문제가 되지 않았다고 한다. 그들의 부모는 이렇게 말한다. "아이가 이전보다 훨씬 더 사랑스러워졌어요. 집에서도 어른들이 하는 것을 잘 도와줘요."[55]

좀처럼 말이 없고 대화하려는 의지가 없던 아이들도 필터링된 어머니의 목소리에는 민감하게 반응했다. 처음에는 더듬거리며 말하기 시작했고 며칠 동안 높은 음의 비명을 질러댔다. 그러고 나서 차츰 단어나 문장을 말하기 시작했다. 마치 필터링된 어머니의 목소리가 이 세상에 다시 태어나려는 그들의 욕망을 자극하기라도 한 것처럼.

그렇다면 어머니의 목소리를 녹음해서 사용할 수 없는 경우에는 어떻게 해야 할까? 이런 경우 토마티는 모차르트의 음악을 대신 사용하는 것이 좋다고 한다. 환자들에게 다양한 음악을 실험한 결과,

---

55) Paul Madaule, *When Listening Comes*, 1994, p.73.

그는 모차르트의 음악이 어머니 목소리에 가장 가까운 효과를 나타 낸다는 것을 발견했다. 그는 말한다. "모차르트는 아주 훌륭한 어머 니다. 50년 동안 다양한 소리 치료와 실험을 해오면서 나는 오직 한 작곡가만을 선택했다. 수없이 많은 새로운 음악을 실험했다. 찬트, 대중음악, 클래식 음악도 사용해보았다. 그러나 모차르트 음악만이, 그중에서도 바이올린 콘체르토가 우리 몸에 가장 큰 치료 효과를 나 타냈다."[56]

그래서 그는 어머니의 목소리를 녹음할 수 없는 경우에는 모차 르트 음악을 낮은 음을 소거하여 들려주었고, 그 효과는 어머니의 목소리를 사용할 때와 거의 같았다. 토마티가 치료한 6살짜리 아이 는 이렇게 말한다. "모차르트 음악을 듣는 것은 어머니의 키스를 받 는 것과 같아요."

토마티는 무니크 대학에 있는 아이들 병동에서 미숙아들을 대상 으로 다음과 같은 실험을 한 적이 있었다.[57] 미숙아들은 모두 몸무 게가 700g 정도밖에 나가지 않았다. 첫 번째 미숙아는 소리의 자극 이 없는 인큐베이터에 넣었다. 그는 아무런 움직임이 없었고 생존을 위해 투쟁하고 있었다. 두 번째 미숙아는 낮은 음이 소거된 모차르

---

56) Don Campbell, *The Mozart Effect*, 1997, p.22.
57) Tomatis, *The Conscious Ear*, 1991, p.211f.

트 음악을 들려주었다. 미숙아는 정상적인 활동을 보였다. 그의 호흡은 빠르게 움직였으며, 심장박동은 140회에서 160회 사이에서 안정적으로 뛰었다. 세 번째 미숙아는 어머니의 목소리에 낮은 음을 소거한 뒤 들려주었다. 그러자 아이는 매우 활발하게 움직였으며, 즐거운 표정과 함께 미소를 지었다. 호흡은 깊었고 심장박동은 160회까지 올라갔다. 놀라운 사실은 어머니의 목소리이건, 모차르트의 음악이건 낮은 음을 소거하지 않은 채로 들려준 경우에는 아무런 효과도 없었다는 점이다. 이것은 태아와 갓 태어난 아이들에게는 아름다운 음악이 아니라 뱃속에서 듣던 어머니의 목소리가 필요하다는 것을 보여준다. 어머니의 목소리야말로 천상의 소리가 아니고 무엇이겠는가!

몇몇 연구자에 의하면,[58] 모차르트 음악을 들은 학생들의 공간지각 능력이 상당히 좋아졌으며, 아무것도 들려주지 않은 학생들에 비해 공간지각 능력이 62% 향상했다고 한다. 이러한 사실은 과학자들에 의해서도 증명되었다. 모차르트 음악이 뇌의 신피질 뉴런들의 조직화하는 것을 도와주며, 특히 공간지각 능력과 관련된 오른쪽 뇌의 작동이 향상된다고 한다. 학교에서 학생들에게 쉬는 시간에 모차르트 음악을 들려준 결과 수업시간에 학생들의 주의력이 향상되

---

58) Don Campbell, 앞의 책, 1997, p.15f.

잃어버린 지혜, 듣기

었다는 보고도 있다. 이전에 좋아하던 작곡가나 음악과도 상관없이, 모차르트 음악은 듣는 이의 마음을 진정시키고 사람들과 의사소통할 때 보다 분명하게 자기 의사를 표현하는 데 도움을 주는 것을 발견했다. 다른 작곡가의 음악이 일시적인 개선에 지나지 않았다면 모차르트 음악은 그 효과가 오래 지속되었으며 최상의 결과를 가져온다는 사실도 확인했다.

그렇다면 왜 유독 모차르트 음악이 그런 효과를 가질까? 왜 바하 효과, 베토벤 효과라는 말은 없는가? 왜 라벨, 바르톡, 루이 암스트롱은 안 되는가? 토마티 역시 이러한 의문을 가졌다.

토마티는 그의 책 《왜 모차르트인가?》에서 이렇게 말한다.[59]

모차르트의 음악은 동시대의 하이든이나 다른 음악가들의 음악과 유사해 보이지만 그와는 다르다. 그의 음악은 예외 중의 예외라고 할 수 있으며, 다른 작곡가들의 음악이 갖지 않은 특별한 효과를 갖고 있다. 그의 음악은 자유롭고 치료적이다. 한 마디로 '치유의 힘'을 갖고 있다.

---

[59] Tomatis, *Excerpts from Why Mozart?*, excerpted, translated, annotated by Pierre Sollier, MFT-2002.

모차르트의 음악 소절들은 천진난만하고 밝으며 풍부하고 따뜻하다. 모차르트의 곡들은 우리를 엑스터시와 같은 다른 상태로 데려가 푹 젖게 한다. 그것이야말로 우리의 본래의 모습이며 그 속에서 우리는 영원히 산다.

그는 하늘의 행성처럼 천상에 있는 자신의 궤도에서 살았다. 결코 내려오지 않았다. 이 우주의 광대무변한 기억 속에 푹 잠겨 살았다. 그리고 우리들에게 천상의 아름다운 영원한 음악들을 들려주었다.

그는 인류를 오직 아름다움과 초월성과 삶의 기쁨이 존재하는 곳으로 인도할 줄 알았다.

모차르트에게는 우리를 다른 어떤 사람으로 만드는 그 무엇이 있다. 도저히 다른 사람은 흉내 낼 수 없는. 그의 음악에는 우리가 숨쉬고, 편안하게 생각할 수 있는 통합과 자유가 있다. 그는 우리들 자신이 음악가라는 것을 깨닫게 한다. 마치 우리가 그의 작품의 작곡가인 것 같은.

그는 사람들로 하여금 우주와 음악적으로 공명하게 하는 법을

잃어버린 지혜, 듣기

알고 있었다. 이것이 바로 모차르트의 기적이다. 그는 인간을 우주의 하모니와 하나 되게 했다.

모차르트는 우주의 노래를 사람들에게 들려주어 그들로 하여금 행복한 균형을 발견하게 하는 법을 알고 있었다. 그는 우주의 영원한 리듬을 우리의 뇌신경에 맞출 줄 알았다.

모차르트는 우리를 산의 정상으로 초대했다. 그곳으로부터 모든 것을 보여주었다.

확실히 모차르트 음악의 리듬, 선율 그리고 높은 주파수대의 맑고 높은 음들은 뇌의 창조영역을 자극하고 충전시키는 것이 분명해 보인다. 모차르트의 음악의 위대함은 무엇보다 천사들의 음악처럼 순수하고 단순하며 밝다는 것이다. 그래서 토마티는 모차르트의 음악은 우리를 소리와 음악의 세계에 입문시키는 역할을 한다고 말한다. 마치 샤만이 샤만 후보자들에게 영적인 세계를 열어 보여주듯이, 모차르트는 우리에게 음악의 비밀의 문을 열어준다. 그래서 우리들 혼자 음악 여행을 계속할 수 있도록.

음악학자 돈 캠벨의 말처럼, 그의 음악은 수학 천재라 할 수 있는 바하의 음악처럼 현란한 무늬의 카펫을 짜지 않으며, 베토벤의 음악처럼 고통스러운 감정을 일으키지도 않는다. 또 그레고리안 찬트나 티벳의 기도처럼 단조롭지도 않고, 대중음악가의 음악처럼 우리의 감성을 자극하지도 않으며 록스타처럼 몸을 흔들게 하지도 않는다. 오히려 그의 음악은 단순하면서도 깊고 신비로우며 듣는 이의 마음을 편안하고 따뜻하게 해준다. 마치 인도의 타지마할 궁전이나 자이푸르에 있는 암베르 궁전을 바라볼 때처럼. 그렇게 모차르트 음악은 자연의 음악처럼 인간의 영혼을 일깨워준다.

모차르트 음악의 이런 특성은 그의 출생을 둘러싼 환경이나 생애와 무관하지 않다. 어머니의 뱃속에 있을 때, 잘츠부르크 궁정의 음악감독인 그의 아버지 레오폴드 모차르트는 매일 그의 어머니 앞에서 바이올린을 연주했다. 또 음악가의 딸이었던 그의 어머니는 그에게 매일 노래와 세레나데를 불러주었다. 그는 태어나기 전부터 지극히 음악적 환경에 둘러싸여 있었다. 태어나기 전부터 음악에 흠뻑 빠져들었고, 그의 뇌신경에는 음악의 기억들이 각인되어 있었다. 토마티는 말한다. 모차르트로 하여금 어머니의 자궁 속에서 전 우주와 소통하게 해준 음악이야말로 그의 진정한 모국어라고.[60]

모차르트는 3살 때부터 피아노의 전신인 클라비어를 연주하기 시작했다. 그는 말을 배우기 전에 먼저 악보를 보기 시작했고, 일상

---

60) Tomatis, *The Conscious Ear*, 1991, p.160.

의 언어를 이해하기 전에 먼저 음악적 언어에 눈을 떴다. 모차르트의 심장박동은 보통 사람보다 매우 빨랐다. 이것은 그가 왜 그렇게 인생을 그렇게 서둘러 마감했는가를 짐작하게 한다. 모차르트는 우리 나이로 6살 때 이미 피아노 앞에 앉아 미뉴엣과 트리오를 작곡했으며, 짧은 생애에도 불구하고 무려 626개의 창조적인 음악을 남겼다. 그의 머릿속에서는 늘 음악이 샘솟았으며, 단지 그것을 오선지에 옮겨 쓰기만 하면 되었다고 한다. 베토벤이 사색에 사색을 거듭하여 음악을 건져 올린 것과 달리 그의 머릿속에서는 끊임없이 천사들이 노래하고 있었다.

아마도 그는 성인이 된 뒤에도 태아 시절에 듣던 우주의 음악, 영원한 음악의 선율을 잊지 않았던 것 같다. 그에게 우주의 음악, 영원한 음악이란 무엇인가? 바로 어머니의 자궁에서 듣던, 낙원에서 듣던 사랑이 듬뿍 담긴 천사의 노래가 아니었을까? 모차르트 음악이 어머니의 목소리를 대신할 수 있는 것은, 그리고 모차르트 음악을 들으면 누구나 마음이 평온해지고 따뜻해지는 것은 아마도 그 때문일 것이다.

2003년 국내에 개봉된 스페인 영화 〈그녀에게〉에는 코마 상태에 빠진 두 여인이 나온다. 알리샤와 리디아. 그리고 그들의 곁에는 그녀들을 사랑하는 두 남자가 있다. 한 남자는 간호조무사로 코마 상태에 있는 발레리나 알리샤를 돌보는 베그니노이고, 또 다른 남자는 여자투우사 리디아를 돌보는 여행잡지 기자인 마르코다. 베그니노는 자기의 연인이 듣는다고 생각하고 온갖 정성으로 간호한다. 그녀에게 자기가 보고 들은 이야기며 발레나 영화, 책 등의 온갖 이야기를 끊임없이 들려준다.

마르코가 리디아는 아무것도 듣지 못한다고 투덜대자 베그니노가 말한다.

　"그녀와 이야기해보세요."
　"그러고 싶지만 듣지 못해요."
　"당신이 그걸 어떻게 알아요?"
　"뇌사 상태잖소."
　"여성의 정신세계는 신비해요. 특히 아플 때는. 여성을 닮아보세요. 깨어날 거라는 신념을 갖고 계속 말을 건네보세요. 제 경험으로는 그게 유일한 치료법이에요."
　"여성에 대해 어떻게 그리 잘 알지요?"
　"어떻게 아냐구요? 어머니와 20년, 그리고 알리샤와 4년 동안 계속 옆에 붙어 있다시피 했으니까요."

　그러나 마르코는 코마에 빠진 연인이 듣는다는 것 생각할 수 없었다. 그는 실망하고 낙담한 채 그녀의 곁을 떠난다. 하지만 마르코는 알리샤가 누워서 다 듣고 있는 것처럼 다정하게 속삭이며 온갖 이야기를 들려준다. 그때마다 코마 상태에 있는 알리샤는 마치 알아듣는다는 듯이 신비한 미소짓는다…….
　그렇다! 어찌 듣지 않겠는가! 귀는 들으라고 열려있는 것 아닌가. 내가 여기 있다고 열려 있는 것 아닌가. 너를 기다린다고 외치고 있는 것 아닌가.

이 영화는 인디언들의 이야기를 생각나게 한다. 그들은 이 세상의 모든 존재는 다 듣는다고 생각한다. 해님도 달님도, 산과 바다와 들판도, 심지어 돌멩이까지도. 그래서 그들은 자연의 친구들에게 속삭인다. 해님이 먼동을 환히 밝힐 때도, 달님이 떠오를 때도 바람이 내 얼굴을 스치며 지날 때도, 나뭇잎이 부스럭거릴 때도. 강물이 출렁이며 흘러갈 때도, 강물이 고요히 잠을 자고 있을 때도.

그들은 말한다. 인간의 생존은 새들과 동물들의 말에 귀 기울이는 것, 강과 바위와 풀과 바람의 말에 귀 기울이는 것에 달려 있다고. 식물과 동물, 그 모든 존재가 말하는 것을 이해하는 것에 달려 있다고.

이 책을 쓰면서 나는 사물을 다시 바라보게 됐다. 사람에 대해서도, 여성에 대해서도, 아이들에 대해서도, 자연에 대해서도.

문득 시인이며 사회운동가인 다이안 디 프리마처럼 나도 '인생의 찬가'를 쓰고 싶다.

바람 속에 실려온 파도소리가 계속되게 하시고
기러기의 가냘픈 외침이 계속되게 하소서.

이 봄날 동백꽃이 뚝뚝 떨어지는 소리가 계속되게 하시고

불어난 시냇물의 노랫소리가 계속되게 하소서.

별똥별이 소리를 내며 떨어지는 밤이 계속되게 하시고
정원의 꽃들이 소리 없이 피어나게 하소서.

깊은 눈매를 지닌 지혜로운 노인의 지팡이 끄는 소리가 계속되게 하시고
사각사각 머리 깎는 소리가 계속되게 하소서.

기도 깃발의 펄럭임이 계속되게 하시고
내 마음에 평화가 일렁이게 하소서.

먼동 속에서 요란하게 지저귀는 새들의 노래가 계속되게 하시고
해님이 힘차게 창공으로 올라오게 하소서.

사막의 모래가 흘러내리는 소리가 계속되게 하시고
여인의 얼굴에 걸린 알 듯 모를 듯한 미소가 계속되게 하소서.

해변의 몽돌이 구르는 소리가 계속되게 하시고
아궁이에서 활활 타는 장작의 타닥타닥 튀는 소리가 계속되게

하소서.

이 나무에서 저 나무로 천방지축 뛰어다니는 원숭이들의 외침이
계속되게 하시고
장례식장에서 서럽게 곡을 하는 여인의 소리가 계속되게 하소서.

처마에서 낙숫물이 떨어지는 소리가 계속되게 하시고
대나무숲의 두런거림이 계속되게 하소서.

어느 집 창문에서 흘러나오는 쇼팽의 폴로네이즈 춤이 계속되게
하시고
마을 공터에서 빈 깡통을 차며 뛰어 노는 아이들의 웃음소리가
계속되게 하소서.

사랑의 슬픔을 노래하는 비둘기의 노래가 계속되게 하시고
땅속의 씨앗들의 속삭임이 계속되게 하소서.

아침마다 까마귀 짖는 소리가 계속되게 하시고
반가운 손님이 오거나 기쁜 소식이 있게 하소서.

들판의 고요한 침묵의 소리가 계속되게 하시고
그 소리가 사랑이고 설렘이고 그리움이고, 일렁임인 줄 알게 하
소서.

여인네들의 수다가 계속되게 하시고
그 소리가 향기로운 꽃의 축복임을 알게 하소서.

강이 우는 소리가 계속되게 하시고
내가 산이고, 하늘이고, 바람이고, 나무인 줄 깨닫게 하소서.

내가 소리이고, 소리가 나임을
그가 나이고 내가 그임을 늘 잊지 않게 하소서.

그리고 나의 숨결이 계속되게 하시고
그 소리가 침묵과 기도가 되게 하소서.

늦은 밤, 들창문에서 우는 여치 소리가 계속되게 하시고
그렇게 새벽이 오게 하소서.

다음 세대에 전하고 싶은 한 가지는 무엇입니까?

다음 세대를 생각하는 인문교양 시리즈 **아우름**

아우름 시리즈는 계속 출간됩니다.

아우를 33

잃어버린 지혜,
듣기

1판 1쇄 발행 2018년 11월 30일
1판 2쇄 발행 2022년 4월 21일

지은이 서정록
펴낸이 이봉우

콘텐츠본부 고혁 김초록 김지용
디자인 이영민
마케팅본부 송영우 어찬 윤다영
관 리 박현주

펴낸곳 (주)샘터사
등 록 2001년 10월 15일 제1-2923호
주 소 서울시 종로구 창경궁로35길 26 2층 (03076)
전 화 02-763-8965(콘텐츠본부) 02-763-8966(마케팅본부)
팩 스 02-3672-1873 **이메일** book@isamtoh.com **홈페이지** www.isamtoh.com

ISBN 978-89-464-7263-1 04190
ISBN 978-89-464-1885-1 04080(세트)

값은 뒤표지에 있습니다.
잘못 만들어진 책은 구입처에서 교환해드립니다.